PUHUA BOOKS

我
们
一
起
解
决
问
题

华为

Building a Powerful
Marketing & Sales Team

营销
铁军

兰 涛 张泓翊 著

人民邮电出版社
北京

图书在版编目（CIP）数据

华为营销铁军 / 兰涛，张泓翊著. -- 北京 : 人民
邮电出版社，2021.9（2024.2重印）
ISBN 978-7-115-56942-4

Ⅰ. ①华… Ⅱ. ①兰… ②张… Ⅲ. ①通信企业—企
业管理—营销管理—经验—深圳 Ⅳ. ①F632.765.3

中国版本图书馆CIP数据核字(2021)第136408号

内 容 提 要

本书从华为"以客户为中心"的产品创新策略谈起，首先介绍了华为在三次战略转型过程中构建营销体系的过程；之后介绍了华为营销团队的"铁三角"模式和考核机制，以及营销战略制定过程中洞察市场的四个步骤，营销计划与执行中的三大突破和七大流程；最后介绍了华为保持营销团队持续成长的四个管理工具，以及打造国际化营销团队的关键要点。读者可以从本书中看到华为营销战略背后的产品研发与营销组织建设逻辑，以及营销战略计划制定的方法和落地过程，进一步升级自己对于现代企业营销体系的认知。

本书适合企业管理者，尤其是营销管理者阅读参考。

◆　　著　兰　涛　张泓翊
责任编辑　王飞龙
责任印制　胡　南

◆ 人民邮电出版社出版发行　　北京市丰台区成寿寺路 11 号
邮编　100164　　电子邮件　315@ptpress.com.cn
网址　https://www.ptpress.com.cn
固安县铭成印刷有限公司印刷

◆ 开本：720×960　1/16
印张：15　　　　　　　　　　　　2021 年 9 月第 1 版
字数：200 千字　　　　　　　　　2024 年 2 月河北第 10 次印刷

定　价：69.00 元

读者服务热线：（010）81055656　印装质量热线：（010）81055316
反盗版热线：（010）81055315
广告经营许可证：京东市监广登字 20170147 号

自 序

　　从 to B 市场到 to C 和 to b[1] 市场的战略转型，从国内市场到海外市场的开拓与攻坚，华为的营销团队都发挥了重要的作用，做出了惊人的业绩。因此，华为的营销策略和营销团队打法，值得每一个想要拓展企业级应用市场、个人消费市场和海外市场的企业借鉴。笔者曾在华为工作 17 年，历任预研部技术总经理、战略部部长、区域营销部部长及区域大客户营销部部长等职，经历过华为的重大战略转型，也是华为营销策略的决策参与者与执行者。在此，我将自己对华为营销策略及团队建设的思考、感悟与实践加以系统总结，希望对各位读者有所帮助。

---

[1] 这里的"b"是指中小企业的 IT 数字化系统集成应用市场。

本书的缘起与主要内容

离开华为后，我一直从事管理咨询及签约顾问的相关工作，在此期间先后辅导完成了数十个大型上市企业、民营企业、政府机构的战略及营销等转型变革项目。与此同时，出版了专著《华为智慧》，这本书系统地研究了企业在转型关键时刻如何去做战略决策的问题。在这本书中，我详细介绍了企业在战略营销方面的诸多关键点与注意事项。

本书承接《华为智慧》的内容，同时系统性地总结了我在华为工作期间的实操经验，以及离开华为后从事管理咨询与培训辅导工作的最新认知，是在之前作品基础上的进一步提升及实战方法的精炼浓缩。

本书共有七章。第一章主要介绍华为"以客户为中心"的产品创新体系。产品是营销的基础，这个研发创新体系也是营销铁军打造的基础。第二章通过回顾和诠释华为三次重要的战略转型，梳理揭示了这三次转型是如何深刻影响华为的营销体系的。第三章通过总结华为营销管理的程序与成功实践，进一步挖掘和提炼了适合一般企业营销管理的方法。第四章和第五章专门介绍如何制定清晰的营销战略并确保其落地执行，以便企业能够夺得市场的制高点。第六章是在前几章的基础上，即企业有了明确的营销流程、组织体系和战略制定方法之后，回答"企业如何根据实际的情况对症下药，打造营销铁军、进一步提升营销水平"的问题。第七章则是以企业的国际化经营为背景，介绍如何升级营销铁军，打造开拓国际市场的营销团队。

本书重点解决的问题

一般而言，企业在从小到大的发展过程中，会面临多种多样的营销困局与问题。比如，早期拓展市场时，经常是靠客户经理，胜负成败都依赖于"孤胆英雄"。此时如果客户经理能力强，那么市场就做得好；如果客户经理能力弱，市场自然就做得差。而当企业人员规模逐渐扩大，公司逐渐建立了营销团队之后，此时怎么使一线团队高效协同作战而不是各自为政，则成了企业面临的新问题、新挑战。

当企业在长期的市场拓展过程中总结出了一些方法，并用于密切客户关系时，客户关系在市场拓展中的重要地位将得到进一步巩固。换言之，客户关系这时成了企业的第一生产力。当然，这本无可厚非，但如果长期只依赖关系营销，而非根据客户需求变化、市场变化及新营销模式的变化来不断提升企业自身的营销能力，那么企业的市场拓展行为将一直处于低水平的价格竞争和传统意义上的"三陪"关系营销状态。因为企业如果对客户需求不会主动去响应，就更不可能主动挖掘和发现客户深层次的需求。

不可否认，传统基层营销人员对技术的理解、对公司最新产品的把握相对比较弱。怎样有效提升他们的能力，是企业普遍面临的一个问题。另外一个非常典型的问题是，如果客户关系长期把握在个别客户经理手上，那么客户其实是在与个人做生意，而不是与企业做生意，客户对企业品牌没有认知度，更没有忠诚度可言。当客户经理调走或者被竞争对手挖墙脚之后，市场竞争格局势必也将随之发生变化。

这种关系营销模式对企业最致命的是，高水平的客户经理长期积累所形成的宝贵经验没有得到很好的继承与总结，没有总结形成一套高效的、适宜于一线的营销管理与管控的运作流程。自然的，新员工便会不断地进行低水平的重复与摸索，缺乏对最佳实践的集成。缺乏适用于一线作战的流程，企业也就无法捕捉客户需求；无法快速响应和满足客户需求，企业也就无法与客户形成长期稳定的合作关系。

市场中的很多企业会同时研发多个产品，衍生出若干子公司，这么多子公司和产品研发团队往往各自为政、沟通不畅、信息不共享、对客户承诺不一致，甚至各子公司间会互相抢夺客户，不但形成了内部的恶性竞争，而且也大幅降低了客户的忠诚度。上述种种现象说明，当前很多企业的营销组织体系已不适应企业的发展。

企业规模从小变大，从中低端市场走向高端市场，在这个过程中，营销组织体系该如何构建？如何使"营"和"销"能够充分发挥各自的作用、互相配合？在"销"的方面，怎样构建起企业的市场优势、品牌价值？在营销过程中又该如何进行考核激励？上述这些问题，是众多企业在发展过程中亟须解决的。

鼓励"营"与"销"互相协作，为了共同的目标，大家紧密配合、共同冲锋，形成进攻型的团结协作营销体系，是本书研究的起点，也是最终落脚点。用华为的语言体系进行表述便是，首先要使一线营销团队能够快速地发现机会，准确地呼唤炮火！其次，当一线呼唤炮火时，炮火能够非常精准及时地送达一线。最后，一线要有成本意识，要能够充分了解呼唤炮火是需要成本的。只有构筑起这三方面的协同机制，企业才能搭建好高效协同的营销体系。

对于以上内容，本书将分章为读者一一解读。

最后，感谢人民邮电出版社的积极策划和大力支持。另外，本人与笔记侠更新学堂的田晴等老师，一起制作了二十讲的《华为营销战略》线上课程。与本书相比，该课程增加了情景描述和其他案例，更加生动。二者结合，可以使读者更容易理解其中的内容，更好地将其运用到实际工作中。

兰涛

2021 年 5 月

目 录

HUAWEI

HUAWEI

HUAWEI

HUAWEI

第一章
打造营销铁军的基础——满足客户需求的产品

HUAWEI

HUAWEI

HUAWEI

HUAWEI

HUAWEI

在国家创新战略的引领下，很多企业都希望通过创新推动企业的转型变革。由于华为在标准、专利等方面的领先表现——比如时下在业内备受推崇的华为麒麟芯片和石墨烯技术，很多企业都很想知道华为是怎样创新的，都希望能结合创新制定企业转型变革策略。

很多企业热衷于对各种创新模式的研究，如引进吸收式创新、渐进式自主创新、突破式自主创新等。可是在华为，"自主式创新"是一种"反动"的提法，任正非从来都是讲"开放式创新"，而且特别强调"以客户为中心"的创新。这是一个很有争议的提法，因为人类历史上的多次产业革命都是由突破式创新引起的，华为强调"以客户为中心"的创新不是"反人类"了吗？这个强调"以客户为中心"进行创新的公司，为什么反而在技术创新和产品创新上，在全国乃至全球都有不俗的表现？华为于 2010 年第一次进入美国《财富》杂志全球 500 强时，位列第 397 位；2020 年其排名已飙升到第49 位，多年来蝉联国内科技公司榜单第一。同时，在《2020 全球百强创新机构》《全球最具创新力公司 2020》等评选中，华为都成功入选。然而，为什么很多高谈阔论自主创新的企业，却鲜有令人信服的成功创新呢？

中国是个制造大国，很多指标都是全球第一。在原有领域的产量做到全国第一乃至全球第一后，这些企业急于寻找新的增长方向，因此开始大力强调"自主创新"。对于很多研发底子薄的企业来说，通过这种矫枉过正的提法，强力驱动企业实现转型，特别是助推领导层的思维转变，可以理解，也无可厚非。但是，很多企业创新的方向和方式却值得商榷。光伏行业热了，大家都参与热炒；锂电池等可充电技术热了，大家都参与热炒。诸如此类的热点还有"互联网+"、物联网、智能制造、云计算、大数据等。好像不说点新词，大家都不好意思开口说话了。然而，大家看到的事实是，有企业热炒的产业，经常会出现产能过剩、恶性竞争、低价倾销，之后再陷入没有资金投入研发、攻克不了核心技术、无法促进产业成熟的恶性循环。最后只好等待政策、等待"风口"的出现，然而等来的往往是国家调控限产、取消补贴政策，新业务随之陷入漫漫长夜……那么，华为成长过程中的三次重大转型，特别是伴随其中的创新管理，有哪些特点呢？其中有哪些是值得我国其他企业借鉴的呢？

1.1 华为"以客户为中心"的产品创新战略

华为创新模式的演变，总的来说可分为两大阶段，这里以华为与全球最后一个超级竞争对手爱立信的业绩对比为分界点，第一个阶段为 2012 年之前，华为采取的是作为行业追赶者的创新模式；第二阶段是 2012 年之后，华为采取的是作为行业领先者，进入"无人区"之后的创新模式。

在第一阶段，爱立信曾嘲笑华为："爱立信就是茫茫大海中的航标灯，灯关了，华为就不知道该去哪儿了。"这一时期，华为的产品开发和创新模式的发展又可划分为以下两个阶段。

一是学习模仿阶段。

为了追赶业界最佳，华为在各细分领域都确定了自己的学习标杆和主要对手，努力学习，不断超越不同阶段的对手，目标就是进入细分领域的全球前三名，不只是做"大"，而且要做"强"。从早期简单的"性价比"竞争，到逐渐实现关键部件和技术的替代，努力提升核心竞争能力，如通过关键部件的芯片化，实现光传输产品超过 60% 的毛利率水平。

这种产品开发模式是中国企业成长过程中的现实路径。行业标杆之所以成为标杆，就是因为标杆企业对客户需求、发展趋势具有准确的把握能力。后进企业站在巨人肩膀上进行增量开发无可厚非，但如果仅仅满足于模仿，"知其然，不知其所以然"，不但会造成大量的开发浪费，而且永远无法超越竞争对手。当时华为确定的标杆有七八个，预研部和产品战略部门对这些标杆企业的当前产品及其未来三年甚至十年的产品路标都进行了全面的学习借鉴。而各个标杆企业的产品路标都是根据自身的市场定位、对技术发展趋势和客户需求的理解以及自身的能力而制定的，一家中国企业同时借鉴七八家公司的产品，其消化吸收的难度可想而知。这其中甚至还可能包含"星球大战"的陷阱，如 1999 年华为就在预研全光交换机，而直到今天，世界上也没有真正的此类产品和应用面世。

二是模仿中的差异化创新阶段。

除了华为，很多成功企业其实都是如此。腾讯赖以发家的 QQ 就是在模仿 ICQ 的基础上，增加了地址簿同步、跨终端登录、个性化头像、快速文件传送等差异化创新后，赢得了市场。即使是苹果公司，其商业模式也是在模仿日本 iMode 的基础上，打破了 iMode 的封闭模式，构建了开放的应用平台，并结合智能化精美终端，创造了新的商业模式。这个阶段要求企业的创新必须建立在借鉴的基础上，对客户需求（往往一开始是从本地客户需求理解开始）进行深刻的理解，并将需求转化成产品特性，这样才能构建产品的差异化优势。而集成产品开发（IPD）管理变革，确定了华为从"以技术为中心"走向"以客户为中心"的产品创新模式。

IPD 的流程框架中最关键的是"做正确的事",即能够正确理解客户需求，并根据需求定义出好的产品概念。从实践来看，前端产品概念研究：产品开发：产品生产上市的投入比例是 1：10：100，即产品概念如果出错、不及时改正，会造成产品上市后 100 倍投入的浪费。

如何获得需求信息？需求包含哪些方面？如何对需求进行优先级排序并有序满足？如何管理需求和保证需求的一致性？为解决这些问题，华为建立了以客户需求管理和产品规划为主的营销体系，需求管理一直延伸到一线"铁三角"的各市场神经末梢，建立起了三级需求管理流程和集成产品决策体系，并优化了 IPD 流程，在产品开发过程的关键评审点，增加了市场评审环节（MR），甚至有战略客户参与评审。这样做不仅能快速响应客户需求和保持需求的一致性，还能将需求转变为具有差异化竞争优势的产品。随着华为在全球市场的不断拓展，其管理全球需求的流程和 IT 系统，以及在基础版本的基础上满足不同区域客户的产品规划方法，为华为的产品创新战略注入了新的内涵。

在 2012 年后，华为的创新进入第二阶段，即与世界领先的竞争对手"平起平坐"。特别是进入"无人区"之后，已经没有太多的东西可以模仿或借鉴了，这时候华为更加强调"以客户为中心"的开放式创新。在这一点上，很多学者和企业家存在不同的看法。

而实际上，任正非是个技术情结很重的人。1978 年，他作为军队的"科技标兵"代表，参加了全国科技大会，并对马可尼、朗讯贝尔实验室的多项获诺贝尔奖的发明充满了敬意。但当他看到这些昔日的标杆与对手一个个倒在自己脚下时，他充分体会到：一个商业机构的创新，必须"保证公司的商业成功"。而在进入"无人区"后，以客户为中心恰恰又是保证商业成功的基础。任正非强调，在财力有限的情况下（即使资金充裕也一样），华为一定要聚焦主航道。要定义清楚创新的边界，掌握商业发展趋势和开发节奏，深刻明白"领先一步是先烈"。

天才永远是稀缺的，企业不能坐等天才的出现，而且即使天才出现，也不一定会到你的企业。因此，华为在第二次全球化转型的过程中，根据不同的需要和地域优势，进行了全球的研发布局，充分利用全球的智力资源，实现开放式创新。开放式创新就是要吸取"宇宙"精华，包括向竞争对手学习。有人讽刺华为学习小米的互联网模式，华为从来不否认。华为还在学习 OPPO/vivo 蓝绿军团的线下店布局和如何保持高利润率，学习三星的关键器件研发和供应链垄断，学习苹果的商业模式和生态链构建……这样的对手，你不觉得可怕吗？这样的对手，不值得你尊重吗？

1.1.1 华为创新战略和体系架构——"以客户为中心，聚焦主航道的开放式创新"

华为投资过很多新产品和新领域，失败也一直如影随形，甚至有过重大的投资浪费，在创新战略和组织结构上也曾经走过弯路。

企业度过了生存期后，为实现未来更大的发展，需要升级产品开发模式，提高技术的前瞻性和市场能见度。为此，华为于 1998 年成立了预研部。预研部在初期以跟踪、学习、消化标杆企业的产品路标为主，结合对技术趋势的把握，确定华为的产品发展路标。在机制上，华为建立了公司级预研管理和产品线预研管理两级体系，对应成立了公司级宽带固定网络发展预研项目和未来无线网络发展预研项目，以及各产品线的预研项目。在投资上，保证预研投入占整体研发投入的 10%，特别是在人员总数上，保证从产品开发体系抽调 10% 的人力投入预研部门。由于管理有效、措施得当，预研部的成立对产品的规划和开发起到了极大的丰富和推动作用。今天的 5G，也是在 2003 年规划的产品蓝图中的 3G 基础上，通过 4G 自然发展起来的。今天的云计算，虽然当初还没有这个名词，但当时提出的"服务器池"这样的规划，其实质就是"云"，当时还预测 CT 和 IT 将融合为 ICT。预研大大提高了华为的市场能见度，并对相关技术和人才进行了关键的储备。

但随着华为研发能力的提升，可以参考的标杆企业的产品越来越少，可以追逐的标杆企业的产品路标甚至已是未来十年的产品路标。此时，创新开始渐渐脱离市场本身的需求，华为甚至曾去模仿导致北电破产的全光交换机，创新产品的转化率开始下降。与此同时，华为正在进行 IPD 产品研发管理变革，强调以客户需求为产品研发的主要动因。2001 年，第一次互联网泡沫破裂，华为出现了史上第一次财务衰减，在公司整体压缩投资和精简部门的形势下，预研部这个关键的创新组织被裁撤。原来的同级领导多数被派到市场部锻炼。

在华为全面向全球化扩展的过程中，发生了一个重大的事件，即思科（Cisco）对华为的知识产权（Intellectual Property Rights，IPR）诉讼案。这个诉讼案使华为和任正非深刻地感觉到，没有知识产权，没有必要的技术储备是不行的，IPR 是全球化的通行证。因此，2004 年华为又重新组建了预研与标准部，该部门的核心任务是通过预研等手段，使华为的技术能够被纳入行业标准并申请基础知识产权，重质量而不是数量，目的就是能够与友商进行知识产权的互换，防止类似思科诉讼案件的发生，实现知识产权自保。此后，华为逐渐适应了全球化的游戏规则，通过与友商交换知识产权并支付合理的许可费用，华为在全球市场不断发展。同时，华为全球化智力资源的布局基本成型，持续投入的技术积累和知识产权，不但得到了更大的财务回报，而且构建了华为的技术优势。开放创新战略重新回到正确轨道。特别是在 2012 年，在总体销售收入超过爱立信之后，华为对创新的投入和战略布局又有了更高的要求和目标，5G 与石墨烯技术的应用，已使华为成为部分领域的全球领先者。同年，受电影《2012》的启发，研究开发部、预研与标准部正式更名为"2012 实验室"，成为华为公司探索未来、防范风险的创新技术中心。

从华为坎坷的创新之路可以看出，不同企业在不同发展阶段需要制定不同的创新战略。为尽量减少创新可能带来的损失，制定适合企业自身发展的创新体系尤为重要，华为的三级创新体系在实践过程中得到了不断完善。

华为创新管理的三级体系，如图 1-1 所示。将不确定性最大、在 5 ～ 10 年之后可能产品化的技术交由第一级创新体系完成，它们主要包括国内外重点院校、合作研究机构、合作投资的创新公司和"2012 实验室"。第二级创新体系则是根据对技术的商业成熟度和市场机会窗口的分析判断得出，由华为的战略营销体系制定产品和技术 3 ～ 5 年的发展路标，正式进入初步商业验证阶段。第三级创新体系属于产品实现体系，即确认客户需求，进入产品开发和上市管理环节。这三级体系形成了一个喇叭形的机会收敛过程，使企业可以把握未来发展的不确定性，将重心从建立内部需求管理流程，延伸到建立战略客户联合创新中心、用户深度参与的需求管理，以及准确评估商业机会和把握发展节奏的创新机制上。在运营商业务领域，华为积极鼓励客户/用户发现华为产品的问题并积极反馈需求，提出的需求一旦被采用，提出者将得到丰厚的奖励。而在终端领域，华为更是通过花粉社区和超级用户挖掘出了很多有效需求，并逐步在产品的不同版本中落实。

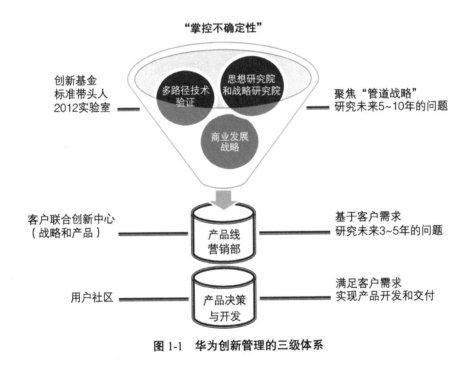

图 1-1 华为创新管理的三级体系

在创新的投资管理上，华为的研发费用占公司总收入的 10%，而创新（预研）投资费用又占研发总费用的10%。随着创新风险的逐渐增加，一般一个产品从预研到样机再到量产，投资强度分别是十倍和百倍的关系。因此，华为的创新（预研）投资比例不断增加，未来可能会达到总研发费用的20%。增加探索期的投入，可以为产品开发准确地把握方向。

在创新方向的选择上，华为坚持围绕主航道。华为也有光伏产品和解决方案，但这一产品线主要是为了解决非洲等地区无线基站用电的问题，是为主航道产品保驾护航的。即使是石墨稀的创新，也首先是为了解决手机电池用户体验不好的问题，也是主航道的需求。而很多企业在新业务的选择上，经常和原来的业务形成不了相互支撑的关系，管理模式和人才结构也不支撑新业务的发展；这些企业在思维上更热衷于"炒"新概念、跟风新产业，不愿潜心研究核心技术和产品，更没有"板凳一坐十年冷"的精神，更多的是为了融资或提升股价，创造一个"新"的题材。

1.1.2 创新业务的领军人物和管理机制

很多企业存在中高管老龄化、对新业务不敏感和走不出业务舒适区的问题。因此，创新领军人物的领导力和组织配置，是企业必须首先解决的问题。投资界在选择投资项目和创业公司时，同样是首先看人和班子。华为在手机终端和企业网新业务拓展过程中，采用的方法基本一致。先选择德高望重、人际交往能力强的领导，完成新业务的组织搭建和基本业务梳理，然后选派有闯劲、创业激情高的领导实现新业务的突破。

在创新管理特别是考评机制上，华为对失败采取了比较宽容的态度，不会要求新领域的投资有立竿见影的效果，一般会给 2 ～ 3 年的探索期。任正非说过，创新没有失败，知道哪条路行不通，也是成功。

创新与变革是华为持续成长与强大的两大利器。任正非认为华为的核心竞争力是管理，因为技术是相对容易复制的，而管理则很难复制。因此，华为"三年一小变、五年一大变"已经是常态。而实际上，华为在从追赶者到领先者的成长过程中，不管是技术创新，还是管理创新或商业模式创新，都始终与管理变革相辅相成，创新模式也在不断变化。大企业、中小企业和创业企业的创新模式、动机和管理方式的差异虽然很大，但创新理念和管理内涵是一致的。机会主义是创新的大敌，新业务拓展当然需要有创业精神的领导、新的组织方式和新的人才，但如果没有合适的产品战略和足够的战略定力，没有配套的组织变革，是很难构建核心竞争力的。

1.2 创新模式和创新战略选择

"以客户为中心"的产品创新战略的基础是理解客户需求。但企业对客户需求的理解常常有很多误区,如:

- 客户要的就是需求;
- 过分强调产品的功能和性能指标;
- 关注产品本身的成本或价格。

相应地,有些企业在制定产品策略时,只知道"Me too"和低价竞争,不能根据自身能力和市场定位,确定产品的核心竞争力和控制点,也找不到合适的市场切入点。

1.2.1 企业创新模式

创新与变革是华为持续成长与强大的两大利器。杰弗里·摩尔(Geoffrey A. Moore)的《公司进化论》一书,对创新进行了很好的分类,如图 1-2 所示。华为的成功实践,证明其创新模型对中国企业同样适用。只是中国的很多企业没有根据自身的战略定位和产品/业务品类所处的生命周期,有步骤地制定不同阶段的创新战略和变革主题。

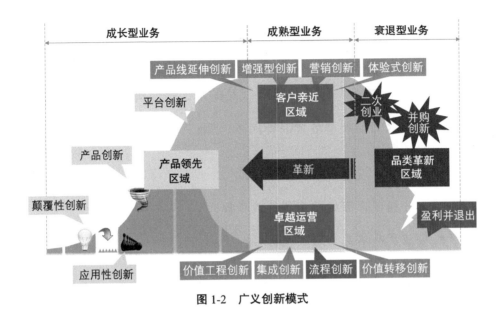

图 1-2 广义创新模式

业务的生命周期总体来说分为成长期、成熟期和衰退期。

成长型业务的创新模式

成长型的业务通常是行业没有出现过的新产品，投资和创新风险都很大，包含了下列几类创新模式。

1. 颠覆性创新，它是指通过颠覆性的技术／商业模式，创造出全新的产品。做此类产品规划，企业需要对客户隐性需求和颠覆性技术具有很强的把握能力。这种创新的最大风险是跨越裂谷，除了技术难度外，还需要在产业化、使用和操作等多方面满足市场需求。成功的典型案例有索尼录音机、大疆无人机（技术）、智能手机等。

2. 应用性创新，它是指挖掘新产品的新用途或产品组合，以客户为中心，满足客户广泛、迫切和潜在的需求，是一种解决方案创新，通常是复杂和定制化的应用。例如，X 射线技术发明后用于医疗，机器人和无人机应用于高层建筑消防解决方案等。

3. 产品创新，它是指提供当前产品没有提供的特性或"杀手"级业务，具有明显的差异化优势，能够很好地满足客户的重要需求，成功的关键取决于其进入市场的速度。产品创新的实质是对市场原有产品进行彻底的改变，对产品研发、营销卖点、品牌和财务贡献都有诸多的影响。例如，新能源汽车、淘宝（信用保证模式和商业模式的创新）等。

4. 平台创新，它是指通过简化／相对归一化的产品平台，为下一代产品重用并创造新的价值。如腾讯利用其微信平台，通过微信红包的方式，使大量用户绑定信用卡后，形成新的微信支付平台和金融平台，不断创造新的价值。还有制造业的典型代表宝马公司，通过归一化汽车平台，加快了产品创新速度、降低了整体成本。

企业要在成长型业务中占据一席之地，必须从创新思维、创新机制（基因／基础）、创新投入、创新人才等方面，保持长期坚定的战略。虽然投入有风险，但一旦成功，企业将处于产品领先区域，具备很大的领先优势，并能获取高额利润。例如，大疆无人机作为无人机的鼻祖，由于产品技术的绝对领先，稳稳垄断中高端机市场，其 70% 以上销售收入来自海外。渠道经销商要提货必须先交押金再排队，销售的主要职责就是跟单，其业务核心就是产品创新和营销。

中国企业从"中国制造"到"中国创造"的转型过程，恰恰是从"三来一补"的衰退型业务开始的，完成了基本产业能力的构建后，向相对高端的成熟型业务发展，涌现出了以联想为代表的"贸工技"制造型企业，以及以华为为代表的产品和市场并举的制造型企业。目前，在产业升级的压力和国家创新战略的指导下，越来越多的企业开始向风险更大、对创新能力要求更高的成长型业务投资。

成熟型业务的创新模式

从中国企业的现实出发，更多企业主要从成熟业务做起。在这类业务领域，业务已经在市场上得到验证，投资风险不大。但供应市场的产品丰富，企业的创新战略和能力是在这类红海市场上占有一席之地的关键。此时，创新可分为针对客户的产品和营销创新模式，即"客户亲近区域"创新，以及提高企业内部运营效率的创新模式，即"卓越运营区域"创新。

1.产品线延伸创新模式

市场领先型企业更多的是通过产品线延伸的创新模式，从一个产品发展到多个关联产品，或者从国内版本发展到海外版本，以提高市场渗透率。但这里要平衡好客户细分导致的定制化和效率的问题。华为的成功实践是构建有限的产品平台，如以中国版本为基础的、针对新兴市场的欧洲标准产品平台，以印度版本为基础的低成本产品平台，以欧洲发达运营商为基础的高端欧洲标准产品，以美国标准为基础的产品平台，以及后期符合日本标准的产品平台。在产品平台的基础上，根据不同国家和关键客户的需求进行必要的定制化开发。

2.产品增强创新模式

在原产品的基础上，进行更新换代，增强功能、提高质量、美化外形、优化界面、增加应用等，这样做可以进一步刺激客户的购买欲望。这个过程一般不会有大的产品平台的切换，如iPhone6\7\8……实际体验没有本质的变化，只有局部的优化和增强。而iPhone在刚问世的时候，其在客户需求雷达图（$APPEALS）上的几乎任何一个点都处于最高值。包装简洁环保，外形比当时任何手机都精致，界面友好且容易上手，功能强大且应用丰富，结构紧凑、质量上乘，门店开放、任凭体验，但同时价格也是最高的，完全颠覆了行业标准和客户的体验感知。新进入市场的竞争型企业，一般应选择少量产品，深入理解市场需求和客户痛点，在细分市场形成有特色的增强功能，从而构建差异化竞争优势，而不能仅仅通过低价进行竞争。华为早期开拓国内市场的时候，就是发挥本土厂商的优势，贴近客户，最大限度地满足客户需求，做了大量的产品定制化设计。而后期客户群越来越庞大后，就必须在标准化和定制化之间取得平衡。有趣的是，在拓展欧洲市场，华为拟继续推出"定制化"服务时，欧洲发达运营商反而告诉华为，希望提供标准化的产品，因为这样便于其对供应商的选择。因此，不同发展阶段，针对不同客户，企业要有不同的创新策略。

3.产品营销和体验创新

两者都属于产品上市策略创新的范畴。由于互联网的影响，线下与线上融合的创新营销模式被越来越多的企业使用。其中的数字营销和营销自动化技术，是保证这类营销创新成功的关键。营销创新和体验创新在 B2C 的消费品市场受到极大的关注，越来越多的 B2B 市场也开始采用。其核心思想是把原来单向灌输、轰炸式的营销方式，转变成双向、生动的精准营销模式。企业一把手亲自主持新产品现场发布并进行全球网络直播，发动各种意见领袖，举办虚拟购物节、建立各种特色体验店和社群等，成为贴近客户的创新模式。即使传统的产品展示，也可以不断提升客户体验。例如，国美的"新场景"战略，将家电和家居结合起来，形成了基于厨房场景的智能生活解决方案、基于客厅场景的家庭娱乐解决方案等。线下实体店，从电器卖场变成可以做饼干、学摄影、打电竞和看 VR 电影的创新零售体验场，提高了客户的驻留时间和购物体验。VR 技术还可以进一步发展为线上商品体验的主要工具，实现线下线上的无缝体验。华为运营商 BG 这种以工业设备生产为主的制造商，在展厅设计、世界顶级展会等产品营销事件中，也力求通过不同的场景和解决方案，让客户直观地感受到华为设备给客户开展业务带来的好处。华为利用云计算技术将全球展厅联结在一起，即使海外偏远地区，通过 VR 技术也可以分享全球展厅资源，"身临其境"地体验华为最先进的技术和最新的产品。

在"卓越运营"创新区域，所谓价值工程创新，就是重构产品的功能和成本，以提高产品对客户的价值。"产品领先"和"客户亲近"区域的创新已经集中在提升功能方面，因此，这里更多是指改变产品的成本结构并降低整体成本。

4. 价值工程创新

这一点主要是指结构化降低成本，常用的手段有如下几个。

（1）关键零部件替代。例如，华为早期的光器件和组件的自产，使华为的光网络产品毛利率超过 60%。后期的麒麟手机芯片套件使采购单价从 200 美元降低到 20 美元，不但降低了成本，而且降低了供应链风险，摆脱了对关键上游供应商的依赖。

（2）降低劳动力成本。随着劳动力成本的逐年增高，越来越多的企业逐渐将工厂向我国内地乃至欠发达的海外地区转移。这里企业需要综合考虑当地的劳动力素质、环境条件、社会和政府服务水平等。另一方面，通过引入"智能制造"，企业大量使用工业机器人承担繁重的重复性工作，并使生产线自动化和管理自动化，减少对劳动力的依赖。例如，富士康除了在全球合理布局工厂外，其机器人 Foxbot 项目已经完成了 100 万台的部署。这样既形成了未来的竞争力、打通了普通蓝领走向科技产业工人的职业发展通道，又减少了普通劳动工作者的数量。

（3）平台降成本和采购归一化。减少产品平台，实现主要零部件的归一化。例如，宝马 5 系多款车型采用同样的底盘和发动机，发动机通过软件设置成不同的排量。从单台高配低用的发动机来说，成本是不合算的，但从整体采购量折扣、质量保证、发货正确率、装配等综合成本看，成本优势却非常明显。

开放自有平台，将成本转换为收入，是降低成本的最佳手段。国美、苏宁等传统零售商与京东、天猫等互联网零售商最大的成本差别，就是是否拥有自己的物流系统和门店。为实现 O2O 转型，苏宁率先开放线下资源平台，实现资源市场化和社会化，形成第三方物流系统，使原来的巨大成本项目，转化成了新的收入来源。

（4）降低产品生命周期成本。产品成本由一次性采购成本（CAPEX）和后期维护成本（OPEX）组成，即整体成本（Total Cost

Ownership，TCO）。企业需要识别产品的成本结构，找到关键点，站在整体而不是局部的角度降低成本。

例如，海底捞发现，虽然总成本逐年上涨，但增长最快且最适合挖潜的成本部分是店面租金和储运配送费用。因此，一方面，为了减少储运、配送成本和期间损耗，海底捞与美国夏晖公司在北京、上海、西安、郑州合建配送中心，并采用了创新的半成品保鲜技术，每个物流中心都有一整套先进的清洗、检验、冷藏冷冻设备，并组成了严格标准化的生产链，其卫生安全、质量保鲜得到了北京残奥会认证，并被指定为残奥会专用配送中心；另一方面，后台配送中心与前台各分店餐厅的计划用量管理高度标准化，不断向"分店无后厨"、减少房租的终极目标迈进。后台"非人工化"的标准流程，保证了后勤体系的安全、高效、低库存、低店面面积，这不仅大大降低了运作成本，而且形成了公司的核心竞争力。

对泛制造业来说，全流程成本涉及营销、研发、生产、采购、物流、技术服务、管理等环节，各环节要协同降成本，不能"各自为战"。华为营销体系"一线呼唤炮火"的平台化运作和扁平式管理，可以有效降低营销成本。准确的需求管理，使研发的产品更加适销对路；清晰的市场规划和准确的销售预测，对后端供应链商务谈判和降低生产成本也有明显的作用。中国运营商通过集中采购和优化供应商管理流程，大大降低了设备采购成本和供应商管理成本。

（5）降低其他综合成本。除了针对产品成本构成的优化，企业还可以通过建立海外融资渠道等多种方式，减少综合运营成本。例如，苹果公司通过全球的合理布局，特别是利用爱尔兰和美国公司法的漏洞，在四年里把近 300 亿美元的利润导入其爱尔兰的子公司，以达到避税目的。因为按爱尔兰的地方政策，谁实际控制公司谁才需要缴税，跨境企业的子公司不需向爱尔兰当地政府缴税。而美国政策规定，只有公司地址在美国的企业才需要缴税。华为在全球多个地区和国家建立了财务公司，以获得比国内融资成本低得多的融资渠道。另外，华为还在巴西本地建厂，以避免巴西对整机进口的25% 的高关税。

因此，企业要根据所处行业的特点和自身的情况，系统地制定"价值工程"创新策略。

5. 集成创新

通过解决方案和集中化管理系统，可以减少顾客对操作复杂的产品的维护成本。小到智能手机、便携式电脑，大到复杂的工业机械，从原来需要专业人员操作和维护，逐渐发展为功能智能化和操作"傻瓜化"。比如，小松机械的 Komtrax 智能管理系统，可以实时提取机械的位置、开工情况、各部件运转和磨损情况等信息，小松不但可以根据 Komtrax 数据对内灵活调整生产、物流和备件销售，还可以对外提前告知客户机械存在的问题和维护方式，这样既降低了企业的运营成本，又提高了服务收入、客户满意度和产品品牌形象。

6. 价值转移创新

价值转移创新就是向价值链的高利润区转移，包括商业模式的重新定位。中国经济经过几十年的高速发展，各行各业已经走出了传统的"跑马圈地"式的粗放发展模式。例如，笔者深度咨询过的TMT 行业、工业机械行业、工程建设行业、畜牧业等，都在发生深刻的行业价值的转移。一端是向核心设备、核心部件、核心技术、核心材料等关键技术创新转移，另一端则向集成解决方案、运营管理等综合能力提升转移。在价值链转型过程中，企业的战略、组织流程和人才结构都要进行相应的变革。

7. 流程创新

流程变革和创新打破了企业原来的业务模式，会从根本上改变企业的运作方式和组织体系，这是一个非常大的专题。例如，福耀玻璃通过优化产品工艺和制造流程，在行业平均毛利率只有5%的情况下，把自己的毛利率做到了40%。IPD 在 IBM 实施三年之后，产品开发过程得到了重大改善，多项指标被刷新：

（1）产品上市时间，高端产品从70 个月减少到20 个月，中端产品从 50 个月减少到 10 个月，低端产品则降低到了 6 个月以下；

（2）研发费用占总收入的百分比从 12% 减少到 6%；

（3）研发损失从起初的 25% 减少到 6%。在研发周期缩短、研发支出减少的同时，却带来了产品质量的提高、人均产出率的大幅提高和产品成本的降低。

衰退型业务的创新模式

针对衰退型业务，企业必须寻找新的"奶酪"。其主要有三种创新模式，即二次创业、收购兼并，以及退出。当然，每一种都要面临巨大的挑战。

1. 二次创业，即重新定位公司，将其内部资源用于一个成长型产品，或者通过革新，发展新的成长型业务，新业务要相对独立于原有业务，在组织设计、人才引进和激励机制上都要符合新业务的发展规律。除此之外，新业务最好能利用原有的优良的内外部资源，以减少初期的市场开拓难度。

例如，华为终端产品部门在成立后的相当一段时间里，继续利用原来内部的销售平台，在销售渠道上也继续沿用原来的运营商客户；在品牌上，也曾有过继续沿用华为品牌还是完全使用独立品牌的争论，最后确定了继续沿用华为的公司品牌优势，只是在产品上，根据不同的客户群，采取不同的子品牌。而在内部资源上，充分发挥了华为在人力资源方面的储备，以及无线产品线、海思和 2012 实验室的技术积累，并大量引进外部的智力资源。

但在产品开发流程、营销管理流程、供应链管理方面，新业务与原有业务流程却有很大的不同，在组织设置和管理方式上，要力求符合"创业"文化。例如，GE 在放弃金融等业务重回智能制造的数字化转型变革中，堪称"二次创业"。GE 不是学习老牌 IT 巨头 IBM、甲骨文等，而是在文化和方法论上全盘模仿硅谷创业公司的模式，如实施精益创业和敏捷开发流程等，全面颠覆了韦尔奇的做法。

2. 并购创新，即通过兼并与收购等方法，快速获得创新资源，解决业务创新的问题。这种模式的好处是见效快，但风险是对技术趋势能否准确把握，以及并购后双方在企业文化、业务流程、管理模式上能否真正融合。联想并购 IBM 的 PC 业务和低端服务器业务、并购摩托罗拉的手机业务，都经历了从矛盾走向融合的艰难历程，并购服务器业务和手机业务是否成功，还有待检验。相对成功的是吉利收购沃尔沃（VOLVO），虽然双方在收购时签订了技术共享的限制条件，但随着时间的推移，吉利在生产工艺、设计和管理水平上，有了明显的提升。而在新 SUV Link 车型的开发中，吉利已经与沃尔沃共享平台，这是吉利创新能力明显提升的一个证明。

3. 赢利并退出，即关停并转老业务，针对在市场上运行的系统，只留少部分人员进行产品的生命周期维护。针对老业务，还需要考虑在限制资源投入的前提下，延长其生命周期，如将产品销售到新的欠发达地区。日本的"小灵通 PHS"就是一个非常成功的案例。日本企业利用中国延缓发放 3G 牌照而中国电信又急于发展移动业务的机会，利用通信管制的漏洞，通过中国的代理公司 UT 斯达康，将这项濒临淘汰的产品，成功地在中国市场延续了 10 年以上的寿命。

1.2.2 找准定位，确立正确的创新战略

创新战略的选择要与企业的战略定位相适应。

- 核心技术优势型公司：利用自身的创新能力和研发优势，引领行业和技术的发展。典型代表有新能源汽车特斯拉、移动通信芯片厂商 Qualcom、无人机公司大疆等。

- 资源优势型公司：有特殊的政府关系、客户关系或雄厚的资金支持，如日本财团下属的企业；或是经过多年积累，控制了生态链关键环节的企业，如三星；以及类似阿里巴巴和腾讯这样的企业，其庞大的客户资源已经成了企业的核心优势资源。

- 快速跟随型公司：华为一直是个快速跟随型企业，直到进入"无人区"后，开始尝试成为领先型企业。而 OPPO、vivo 则是典型的快速跟随型企业，其创始人段永平旗帜鲜明地提出

28

了"敢为天下后"的口号，这其实是根据企业自身的特点确立的企业创新战略。

- 制造优势型公司：具有核心的模具设计技术、精密制造技术、高效率的生产工艺和质量控制流程。例如，富士康拥有模具设计技术和精密制造技术方面的多项发明专利，富士康宣称，富士康做不出来的东西，没人敢说能做出来。

- 市场补缺的独特角色：许多中小型专业化企业都属于这一类型。这类公司长期从事单一产品的设计和制造，在质量、成本和供货上具有独特优势。例如，万向集团专注于"万向节"的设计和制造，在全球从 OEM/ODM 业务开始，一步步发展出了知名的自有品牌。

1.3 产品创新战略制定的步骤和方法

从中国企业发展的现实角度看，"以客户为中心"的产品创新战略是企业最现实的选择。

产品创新战略制定可分为五大步骤，如图 1-3 所示。

第一步，产品战略首先应该符合企业的整体发展战略，因为公司战略已经从全局的角度对行业发展趋势、技术发展趋势和价值链转移趋势进行了分析，指明了产品发展的方向。

图 1-3　产品创新战略制定流程框架

第二步，在确定了大致领域之后，需要选择具体的目标市场和细分客户。

第三步，对客户需求进行收集、分析、判断和决策。

第四步，在深刻理解客户需求的基础上，对主要竞争对手的类似产品进行比较，构建产品的差异化竞争优势。

第五步，制定关键的上市策略等，并进行初步的产品盈利分析。与正式产品开发不同的是，该阶段在设计方案、成本和质量等方面，要有一定弹性，突出产品关键"杀手"特性的实现；要能够根据小批量友好客户的使用验证，快速迭代，形成最终的产品规格定义。

从整个步骤可以看出，全面深刻的客户需求分析是构建产品差异化优势的基础，而在分析客户需求前，首先要解决需求来源的问题，尽可能多地收集客户需求。

全方位市场需求收集

在实践中，华为总结出了一套高效的 360 度收集客户需求的方法，如图 1-4 所示。在进入一个领域时，先通过分析技术发展趋势与行业标准，理解进入行业的基本门槛和技术要求。同时，分析竞争对手，特别是标杆企业的现有产品和路标规划，从标杆产品中深化对产品需求的理解。积极参加各种客户，特别是行业领先客户的招投标活动，通过充分学习标书要求，深刻理解客户多年积累和总结出来的需求精华。华为在西班牙电信的投标过程中，要求 100%遵从标书的产品需求，其原因就在于，西班牙电信不只在西班牙和欧洲具有销售的指标意义，关键是对整个拉美市场具有巨大影响，其标书中定义的需求对产品规划具有重要指导意义，可以保证产品在全球的竞争力。而该标书的相关条款，是领先客户和标杆友商一起，在经过多年研究并分析了市场和技术的发展趋势以及客户的需求后形成的结论。虽然其中可能会有友商预埋的门槛，但从中可以同时了解客户需求和友商优势，是能令后进厂商事半功倍的事情。与客户面对面交流是获取需求最直接的方式，交流模式根据与客户

的关系和客户的重要性，分为针对企业高层的高峰例行战略研讨和
论坛、针对客户各层级人员涉及各方面的例行沟通和专业交流会、
针对客户中基层普遍关系的用户大会等；面向广泛客户群的模式，
包括与合作伙伴联合举办的伙伴大会与咨询师大会、展览会、产品
发布会与促销活动等。

图1-4　360度客户需求收集方法

　　数字化营销技术的发展，为需求收集提供了新的手段。在互联
网经济的推动下，企业和个人越来越喜欢通过搜索引擎、社交媒体、
企业网站、电子商城等线上系统收集客户需求、发现销售线索和实
现销售。越来越多的企业开始采用线上线下相结合的立体营销模式，
而且单从需求获取角度看，线上的成本明显比线下要低。因此，企

业必须适应新的市场要求，广开需求收集渠道，让客户参与到企业的创新活动中来。但数字营销系统的建立，需要企业 IT 系统的升级换代，需要企业构建清晰的流程和体系架构。

客户需求分析方法论

分析客户需求的 $APPEALS 经典方法，如表 1-1 所示，其全面定义了产品需求的八个维度。$APPEALS 作为需求管理的基础理论，其各主要维度的描述基本上沿用了当年 IBM 提供给华为的咨询结果。目前很多关于 IPD 的书籍和文章在描述 $APPEALS 时，因为对各元素的实际含义理解得不够全面，或由于对英文"生搬硬套"的直译，存在部分错误，在此，我们统一更新如下。

表 1-1　需求分析 $APPEALS 的八个维度

价格 $	可获得性 A	包装 P	性能 P
受以下要素影响：	反映的客户需求是什么？	客户看到的物理形	产品表现出的预期
设计	何时、何地及如何得到？	态、几何特征：	功能：
产能	营销	风格	功能
技术	销售	尺寸、数量	界面
原材料	渠道	几何设计	特性
生产	配送	模块性	功率
供应商	交货期	架构	速度
制造	广告	表面	容量
元部件	配置	机械结构	适应性
人力成本	选配	标识	多功能
管理费用	定价	图形	
装备	定制化	内外部包装	

（续表）

易用性 E	保证 A	生命周期成本 L	社会接受程度 S
要考虑所有的使用者、购买者、操作员、分销商：	在可预见条件下确保的性能表现：	生命周期成本包含：寿命	除用户外，影响采购的其他因素：
用户友好	可靠性	运行时间/停工时间	间接影响
操控	质量	安全性	顾问
显示	安全性	可靠性	采购代理
人机工程	误差范围	可维护性	标准组织
培训	完整性	服务	政府
文档	强度	备件	社会认可程度（环保、绿色、健康等）
帮助系统	适应性	（旧产品）迁移路径	政治、法律、法规
人工因素	动态性	标准化	股东
接口	负荷量	基础结构	管理层、员工、工会
操作	冗余	安装、运营成本	

价格 $：其传统定义见表1-1，这是中国企业最愿意满足客户要求的一项，也是最"擅长"运用的竞争手段。但随着"互联网+"等新技术和商业模式的出现，"0付费"、设备租赁、PAYG等方式可以满足客户多方面的"价格"需求，领先供应商需要重点思考的是，如何既能满足客户需求，又能摆脱竞争供应商的低价竞争策略。华为曾经采用了"低价进入占点，高价扩容升级"的策略，既降低了进入门槛，又保证了整体盈利的目标。例如，华为在电信运营商设备招标过程中，因为首期建设量少，所以会通过低价实现设备准入，使整机机架进入运营商机房；后期随着用户的增加，不断扩容单板，实现整体盈利。在笔者亲身经历的德国电信下一代网络建设项目中，

华为制定了"低价占领核心网，规模进入采购量最大的接入网"的营销策略，虽然最终由于非技术原因，没有实现核心网的销售，但还是实现了接入网的规模销售。产品组合和解决方案，是领先厂商构建市场壁垒的重要方法之一，但需要处理好产品线直接的内部利益分配问题。这里还需要深刻理解客户的投资决策模式，特别是在经济不景气时期，客户的首期投资（CAPEX）不会很大，需要通过运营不断增加用户和收入后，逐渐增加投资，即实现设备投资向运营投资的转化。只有充分理解客户对于价格背后的真实需求，建立双赢的商业模式，才能摆脱简单的价格战。很多大中型工程设备厂商，通过租赁模式也较好地解决了客户对价格的敏感问题。在一些中小型设备市场，如打印机，企业会通过低价销售打印机、高价销售易耗材料墨盒来实现盈利。但在知识产权保护不力、零部件标准化程度高的市场，企业需要重新设计定价模式。

可获得性 A：是指如何让客户知道自己的产品，并很容易地拿到手。例如，何时？何地？是否"货不对版"？特别是在 B2b、B2C 模式下，线下线上连接是必不可少的。华为公司网站原来和很多企业一样，是个单向宣传的手段。企业网 BG 针对中小客户的特点，设计了电子商务平台；而消费者 BG 更进一步有了自己的华为商城等互联网营销模式。所谓"饥饿营销"，多数是因为该项需求无法满足，华为和小米都承认，其实是"做不出来"和"店面不足"，更深层次的原因是市场信心不足、备货不足。

包装 P：注意这里的英文是动名词 "Packaging"，包含了内外部包装与标示、产品外形、组件、说明书等。苹果公司是 B2C 的典型代表，为行业树立了标杆，三星、华为纷纷效仿；德国工程机械企业是 B2B 的典型代表。

性能 P：这是竞争的焦点之一，也是产品最明显的外在表现，企业对此不但要逐项比较、扬长避短，而且要深刻理解客户要求、突出卖点。

易用性 E：用户友好的图形界面、"傻瓜"化操作、"一键式"安装。苹果手机可以让不懂英文的小孩子轻易上手，开创了智能手机操作界面的先河。在易用性上超过客户期望，往往会成为客户做出选择的关键要素，这也是"体验式"经济越来越盛行的原因。在工业品制造行业，易用性表现在设备的模块化、易组装、易调试等方面，这特别适合国际化进程中的 SKD、CKD 生产模式，如果再加上好的人机工程设计和培训指导，将大大提升企业的产品竞争力，而不会出现像某些企业的产品，因客户不会安装电源线而丢单的局面。为了减少对中小客户的服务成本，企业可以利用网站、手机 App 等，通过视频、网上在线服务等方式，帮助代理商满足客户易用性的需求。

保证 A：主要就是质量保证、服务保证、安全保证等；机械和电子设备的人身安全、漏电辐射，质量保证期的退换货，维保服务，等等。小松机械的智能化系统很有参考价值，通过监控机械产品的开工状况、重要部件的磨损程度等，小松机械可以及时提醒客户进行维护并进行零部件的备货，这大大提高了客户满意度和备件的销售。

生命周期成本 L：IBM 的 IPD 流程很早就提出了这个概念，但华为直到 2005 年在认证成为英国电信（BT）战略供应商的过程中，才真正理解其含义。生命周期成本（TCO）有两层含义，一个是客户开展业务时，供应商提供的产品使客户的 TCO 最低；另一个是供应商自身生产产品的 TCO 最低。TCO 是领先厂商构建竞争壁垒的关键手段之一，让客户理解交易价格和 TCO 的区别是关键。如早期国外通信设备商的设备免维护特性，成为屏蔽国内厂商的重要手段。另外在海外发达市场，TCO 是需要企业重点关注的，如设备生命末期的回收问题。

社会接受程度 S：不要夸大品牌的作用，这不是说品牌不重要，而是不要把品牌作为拓展新市场不力的借口。品牌是打出来的，不是宣传出来的。在全球化的过程中，遵从当地标准和法律条款是非常重要的。其中，得到第三方（如顾问公司）的认可和助力宣传，其效果远好于"王婆卖瓜"式的营销模式。另外，企业要识别出当前比较时髦的"环境保护、低碳经济"口号下的真实需求。当年华为在与德国电信（DT）的 CTO 交流设备的环保问题时，对方直截了当地问，德国电信每年的设备电费是 4 亿欧元，华为的设备能帮他们节省多少？另外一个就是绿色能源问题，华为也做光伏产品，但不是为了赶时髦、蹭风口，而是因为在非洲等很多缺电的地区，燃油发电机成本高，而当地日照充足、风能丰富，光伏产品可以切实帮助客户降低运营成本，并促进自身设备的销售。

这些元素中有些定义了产品研发过程中的关键要素，有些定义了产品上市过程中的关键要素。因此，产品规划是"创新 + 创意"的组合，而且这些元素相互之间有一定的关联，其重要的思想是需要完整地把握客户需求，而不要只是片面地关注功能、性能和价格。

案例

中国泵业某龙头企业在进行需求分析时，其中一个产品线将价格需求的权重定为 40%，而将生命周期成本的权重定为 5%。对客户需求肤浅的认识，使该领先企业陷入了与竞争厂商进行价格战的"漩涡"，而无法利用自身产品的高质量和服务优势，构建竞争门槛。实际上，该产品的运行环境恶劣，客户对产品质量和生命周期成本非常看重。竞争厂商产品实际只有一年的免维护运作时间，而该厂商的产品则可以达到三年的免维护运作时间，价格只比竞争厂商高 5%。但在市场营销时，销售人员却不能将

产品在整个生命周期内年平均价格比竞争厂商低很多的优势呈现给客户，从而陷入了简单的价格战。

随着时代的变化，企业要赋予 $APPEALS 中各要素新的内涵，还必须了解各要素之间的相互转换关系和客户需求背后的本质。需求管理的核心是做好客户期望管理和竞争差异化管理的平衡，如图1-5 所示。有时需要超过客户某些方面的期望值，以达到"一招制胜"的效果。有时则只需要做得比竞争对手好一点即可，全面满足客户期望和全面领先竞争对手是非常困难的。

因此，需要根据客户需求的优先顺序、开发难度、时间机会窗口等进行综合判断，管理好客户的期望值，实现"双赢"。需求的判断依据，可以按以下几个方面来考虑。

- 需求的重要性：是否是基本需求 / 行业标准，是否是产品竞争的必要选项，是否能为客户带来独特的价值（差异化优势）。
- 需求的提出者：优先满足关键客户的需求，选择性满足一般客户的需求。
- 需求的投资回报：最直观的是产品的盈利能力分析，但对于那些主要为了竞争的产品，可以采用间接财务回报和市场价值来衡量。

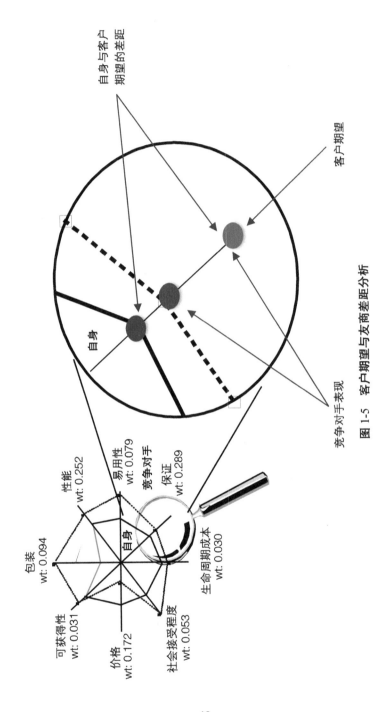

图1-5 客户期望与友商差距分析

自身与客户期望的差距

客户期望

竞争对手表现

自身

性能
wt: 0.252

易用性
wt: 0.079

竞争对手

保证
wt: 0.289

包装
wt: 0.094

自身

生命周期成本
wt: 0.030

可获得性
wt: 0.031

价格
wt: 0.172

社会接受程度
wt: 0.053

- 需求的开发时间和机会窗：当需求开发难度大、开发周期长，且可能错过市场机会窗时，则要谨慎考虑，除非可以长期提升产品竞争力。

在产品创新战略的制定中，基于客户需求与竞争要求的增量开发来实现差异化创新，是中国企业现实的选择。满足客户需求需要考虑投入产出比，需求可以通过产品路标规划分阶段实现。而要使产品具有独特的价值，则需要更深刻的客户洞察。特别是客户没有明显的产品特性需求、只有痛点的时候，企业需要挖掘客户需求。通过高效提问和访谈，发现不同层级客户的痛点，对痛点的关联性和传递方式进行分析，构建初步解决方案和反复验证确认的九宫格分析，从而确认客户需求，并形成销售机会。

由客户需求依次向设计、生产、制造以及最终销售端传递，及时响应客户需求，企业如果仅掌握这一"套路"，那么在静态市场中或许能够保有一定客户。但很遗憾，这样的静态市场在现实中并不多见。由一线销售团队不断挖掘客户潜在需求、提供一揽子解决方案、预先为客户创造超预期的价值获得，继而由客户需求向设计、生产、制造以及销售端再依次传递，由此将单一"套路"转化为"循环套路"，这样企业才能在时刻变化、波谲云诡的市场环境下开拓一片天地。

1.4 "以客户为中心"的产品创新，营销体系责无旁贷

究竟是什么决定着你的公司营销水平的高下呢？

答案是：产品。

当听到这个答案时，你也许会产生质疑，尤其是在互联网盛行的时候，大家常常认为品牌宣传的价值大于产品的价值。然而，随着时间的推移，饥饿营销、明星和网红营销等，虽然一时风生水起，但终将回归商业的本质。用任正非的话说就是："豆腐还是豆腐。"

因此，产品是营销的先决条件，产品也是营销本身的重要组成部分。我们知道经典的"4P营销理论"的第一个"P"，就是Product——产品。而要推动"以客户为中心"的产品创新，营销体系责无旁贷。

华为在组建市场部（Marketing）之初，就对其赋予了产品创新和产品创意的两大职责。因此，华为的市场部包含了产品规划部，负责产品创新的源头管理；以及产品营销运作部，负责产品上市（Go-To-Market）管理。因此，规划出满足客户需求的产品，其责任主要也落在市场部。这种组织形式与欧美公司类似，但在产品规划方面还是有不少差异，产品规划的职责在很多公司属于研发体系，

市场部在产品规划方面，重点代表客户提出需求。这还给华为在海外市场招聘营销部人员造成了一些困惑，按标准的市场部人员的岗位描述，是招聘不到适合做产品规划的人员的。

但是对于大多数中国企业，特别是一些中小型企业而言，营销体系本来就偏重于"销"，"营"的能力严重不足，产品创新的职责是由研发部门来承担。销售体系往往只是被动推销已有的产品，如果你只是不断地在推销你的产品，就像"王婆卖瓜，自卖自夸"，你的推销越努力，可能起到的作用越是反效果。一线的销售人员直接面向客户和残酷的竞争，如果营销人员不把收集客户需求作为自己的责任，不去深刻地分析和识别客户到底需要什么，也不主动去推动研发人员落实需求，做出有竞争力的产品，那么就从根源上决定了研发提供的产品无法满足客户需求，产品卖得不好就是销售人员自己种下的果。因此，从中长期来看，营销体系不应该只承担向外推销产品这一个角色，它还需要了解如何在客户层面展示自己的竞争力。所以，营销体系还有一个重要的作用，就是拉动公司提升整体中长期的核心竞争力，提升研发能力，提升创新能力。

很多中国企业像创业早期的华为一样，是靠模仿领先企业来进行产品开发的。这样的产品开发方式通常会给营销工作带来以下困难。

一是产品没有亮点，只能拼价格和客户关系。

如果一家公司提不出自身产品概念，不能满足客户的一些价值主张，也没有独特的优势的话，他就失去了定价权，营销人员就只能在低价策略下寻求生存。这种低价损人不利己。

二是产品功能差，很难有复购。

模仿竞争对手做出来的产品，往往是知其然而不知其所以然，可能产品看着很像，但是里面的特性是什么？为什么需要这样的特性？特性之间的关系是什么？这些问题你往往并不明白。因此，你的产品使用起来也会隐患重重。客户不满意，你的产品口碑自然很差。

三是对客户的需求被动响应，不主动了解客户的需求，更别说去挖掘客户的潜在需求，结果是公司的业务止步不前。

四是过分依赖销售人员的个人能力，谁销售能力强，谁的产品就卖得好一点。如果销售能力都弱，公司整个销售的业绩就上不来。

因此，华为引进产品的集成开发模式（IPD），其中一个核心的思想就是"以客户为中心"进行产品创新。在产品的最初研发阶段就紧紧围绕着客户需求，由客户需求定义产品概念，并在产品开发过程的各个关键评审点，由市场部代表客户参与评审。所以，好的销售人员需要成为产品研发的"眼睛"和"外脑"，要能把从一线收集到的客户需求、竞争信息、行业趋势主动反馈给产品研发部门，并推动落实到产品的规划和开发中去。只有这样，才能大到实现企业的销售目标，小到获得好的个人绩效。

任正非对一线营销体系的要求是："我们过去的组织和运作机制是'推'的机制，现在我们要将其逐步转换到'拉'的机制上去，或者说，是'推''拉'结合，以'拉'为主的机制。"一线必须具有准确呼唤炮火的能力，这样才能使组织的整体利益最大化。

HUAWEI

HUAWEI

HUAWEI

HUAWEI

第二章

华为的三次转型与营销铁军的打造

HUAWEI

HUAWEI

HUAWEI

HUAWEI

HUAWEI

2.1 产品转型对营销的影响

2.1.1 吐故纳新

转型升级是企业吐故纳新、适应新环境、迎接新挑战、激发创新活力的关键。事实上，今天的华为大体经历过三次重大转型，那么这三次转型是如何影响华为的组织、营销流程以及重塑华为营销能力的呢？

1998 年，华为实现首次产品战略转型，以成功引进集成产品开发模式（IPD）为标志，实现了以客户为中心的产品开发模式转型；2002 年前后，华为从国内市场逐步成规模走向海外，这是华为全球化营销战略的再次重大转型；2010 年，华为正式成立了三大事业部，从根本上改变了以往仅针对运营商市场的商业模式，转向专注于中小企业及终端消费者市场，即从 to B 走向 to C 和 to b，并完成了对商业模式和营销能力的重塑。

回顾华为的首次产品战略转型，其对营销的影响究竟几何呢？众所周知，最初，华为与早期国内很多企业的产品开发方式是一样的，即主要靠模仿领先企业的产品来逐步渗透市场。事实上，当华为成为国内行业领先企业之后，其产品开发仍旧停留在参考欧"美"日产品的层面，回顾当时的国内通信市场，欧、美、日的七八个主流企业的产品占据了当时市场 80% 以上的份额，其产品和标准更是华为产品开发时不得不遵循的圭臬，同时参考多个企业的产品和标准，势必将造成资源的大量分散，出现问题已是必然。问题的市场表象是华为产品质量不高，上市速度慢，根源是因为参考了太多的产品与标准，造成了资源和研发精力的分散，模仿仅做到了知其然，而实际上并不知其所以然。

2.1.2 危机蕴新机

危机往往也暗示了转机，正是由于出现了问题，管理层才看到了一味模仿的策略对企业长期发展的制约。因此，华为积极寻求改变，引进 IBM 咨询项目，完成了第一次产品战略转型，其重要标志是实现了集成产品开发。最初，集成产品开发的宗旨在于提高华为产品质量，缩短产品开发周期，然而，IBM 咨询顾问进场后才发现，华为产品开发质量不高和上市慢的根源在于没有很好地定义产品概念——华为仅专注于模仿，没有针对国内市场客户需求进行微创新。

由此，华为惊醒，在做正确的事和正确地做事的对比中，更重要的一点是要做正确的事，也就是要定义好市场和客户的需求并将之清晰定义为产品概念。如何才能定义好的产品概念？答案是要经过审慎的需求分析。首先，要解决需求来源的问题，即企业拥有多少可以高效获得客户真实需求的来源。其次，确定用怎样的维度来定义需求，除了通常提到的产品功能、性能、价格及质量外，还有什么维度来表明一个客户对产品真实的需求，这些需要进行系统客观的综合考虑。在准确（或者相对准确）获得多个维度上的产品需求之后，如何去伪存真、去粗取精，以及如何平衡投入和产出？集成产品开发为解决这些问题提供了最佳实践方法，其基本思想和流程环节，如图 2-1 所示。

事实上，集成产品开发模式通过对需求的分析，首先确定了多元需求各自到底能够带来多大的市场，继而进一步给出了满足某一具体需求需要多大的资源投入并能够初步预测相应产品的市场竞争能力。通过集成产品开发，统筹技术、市场、资金、人力，同时也能够为跨团队决策奠定比较好的基础，实现了在产品概念形成的最早期即锚定市场客户需求，将产品设计端与终端市场需求高效链接。

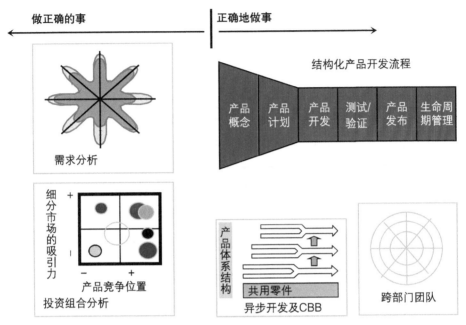

图 2-1　客户需求的理解和推动落实

在实践中，华为集成产品开发又根据情况增设了市场评审点，以保证产品开发过程与需求的一致性，以及重要的需求变更能够被及时纳入到产品开发中。

　　上述过程基本上勾勒出了华为从产品概念阶段到开发阶段的核心环节，其显著特点是紧紧围绕客户需求。这些内容看似与华为营销体系无大关联，事实上绝非如此。传统市场一线人员大多仅关注如何把产品卖给客户，而不是关注客户的实际有效需求，因此常常遭遇巨大的障碍。转变思维方式，更加关注客户需求，使华为可以从根源上做好客户销售，此次变革也直接促成了华为营销模式的改革。

在早期，国内很多企业缺乏根据客户需求进行产品开发的概念，主要通过产品功能的简单累加和便宜的价格来实现市场销售。其所依赖的主要手段也仅为低层次的关系营销。在根据客户需求开发出不同的产品并熟练掌握差异化"技能"后，华为在关系营销之外还能够介绍产品"亮点"，从单一关系营销转入"关系＋技术"的新阶段。此时，牢牢把握基于客户需求的差异化"秘籍"后，产品自然越卖越多，越卖越好。

当客户购买了产品后，客户对你的要求就会越来越高，客户不再像早期那样能够清晰定义所需要产品的特性或者指标，而仅是提出他的痛点和问题。比如，客户可能会提出其当前痛点在于增量不增收，每个客户带来的收入逐步下降。切记，此时客户需要的是一个解决他的痛点和问题的方案，而不是各种各样的产品，客户希望通过"一揽子"方案来解决问题，而非简单的产品！

IBM 向华为传授了"用 30% 的产品满足客户 100% 的需求"的绝佳技能。如何实现？这既需要华为自身过硬的产品集成能力，还需要华为具有为客户提供一揽子解决方案的能力。此时，华为在客户心目中已经不是一般的供应商，而是逐渐成为客户的主要供应商，甚至变成客户的合作伙伴。此后，通过持续满足客户需求，挖掘客户潜在需求，满足甚至提前预判客户更高层次的价值主张，华为逐渐具备了洞察行业发展规律的能力。从提供产品到提供解决方案，再到提供业务咨询和战略发展建议，华为又进一步从合作伙伴转变为战略合作伙伴。这一演变过程和价值关系详见图2-2。

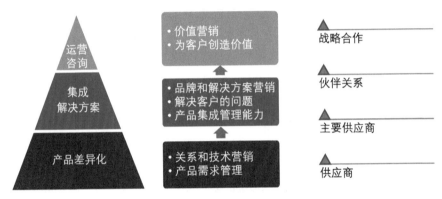

图 2-2　从简单产品销售向为客户创造价值转型

从简单的关系营销逐步向前端转移，逐步成为客户战略合作伙伴，懂得并主动为客户提供价值并超过其预期，这样的营销才是具有战略价值的营销范式。

另外需要特别提醒的是，在这个转型过程中既需要可担当大任的人才，更需要破除固有筒仓形式的组织框架。传统的筒仓型组织架构将研发、生产、销售割裂，"铁路警察各管一段"，根本无法确定产品成败的最终负责人，因此，对组织框架的重构是实现企业价值营销的前置条件。所谓"可担当大任的人才"是指真切了解客户需求，能够将客户需求转为产品特性并高效组织产品上市的全能型项目经理。当然，项目经理并非单打独斗，他还应具有比较出色的带领和组织队伍的能力，这个队伍包括了产品规划专家、产品架构师等角色，以优秀的管理与高效的团队协作为客户提供解决方案。

华为的首次转型，是从以技术为中心转为以客户为中心，并将注意力前移到客户需求，由销售一线人员呼唤更加给力的"炮火"，而这样的"炮火"便是能够满足客户需求的产品及"一揽子"解决方案，本次产品战略转型为华为后续的转型升级奠定了坚实的基础。

2.2 全球化对营销的作用——一线铁三角

2.2.1 内外交困

第二次转型使华为从国内走向海外，实现了公司全球化。本次转型不但深刻影响了华为营销体系，还冲击了华为的治理架构（其重要程度和关联影响，如图 2-3 所示）。2001 年，华为把全面规模化走向海外作为重要战略有其深刻的历史背景。当年，华为首次出现业绩负增长，同时也面临"内外交困"的极大挑战。

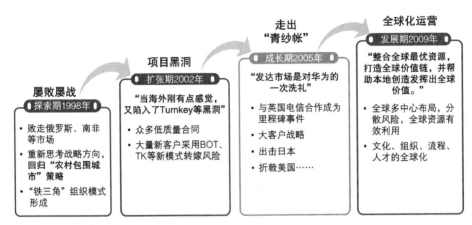

图 2-3　第二次转型：华为国际化从失败走向成功

第一，华为在国内的市场份额达到了峰顶，触及了"天花板"，增长乏力。当时，在国内几大运营商中，华为市场份额已占到了40% 左右。此时运营商在选择供应商时，一般采用"2+1"策略，即"主要供应商 + 次要供应商 + 第三供应商"的搭配模式。其中，第三供应商作为"鲶鱼"，目的在于使主要供应商或者次要供应商不能"独大"，同时增加自己商务谈判的砝码。因此，当华为市场份额达到 40% 时，基本上就达到了增长的天花板。

第二，整个行业投资萎缩。华为第一次出现业绩负增长的那一年，也是互联网首次泡沫破灭之时。运营商不愿再进行新的投资，市场总体投资呈萎缩态势。与此同时，国内 3G 技术标准正在互相竞争，相关部门为了等待国内 3G 标准成熟，迟迟不发 3G 牌照。一方面原有市场已达增长瓶颈，另一方面新的投资尚不明朗。另外，当时某华为高管带领 600 骨干离开公司，也进一步加剧了危机。因此，华为要寻求新的增长，不得不出走海外。为了激励大家奔赴海外，任正非提出"雄赳赳气昂昂，跨过太平洋"。员工们也很明白这是一次不得不出走的战斗。对彼时的华为而言，诚可谓"内困外忧"。

2.2.2 穷则思变

企业想实现国际化，第一步需要做的就是决定选择怎样的市场。为此，华为进行了很多摸索，这个过程异常艰难，可以说是"屡败屡战"。经历长期摸索后，华为终于确定了海外策略——"农村包围城市"。在海外，通过农村包围城市，华为一步一步站稳了脚跟。2005 年，华为开始进入发达国家市场，并制定了一整套相对成熟的大客户管理战略，掌握了一些切入发达国家市场的营销办法。

2.2.3 一线铁三角

经过这一次全球化战略，华为打造出了其独特的核心竞争力——"大平台支撑的一线精兵作战模式"，该模式是其他企业或者竞争对手无法短期模仿的。华为将"一线精兵作战模式"总结为铁三角模式，包含了三类角色——客户经理、解决方案经理与交付经理。其中，客户经理负责面向客户，解决方案经理负责技术营销或解决方案营销，交付经理负责签完合同后进行交付和服务。这三类角色紧密合作构成了一线的铁三角攻坚模式，具体如图 2-4 所示。

铁三角模式最先由华为北非地区的公司提出，其原因在于以下几点。

市场"铁三角"组织："客户代表+解决方案+服务"的攻坚团队

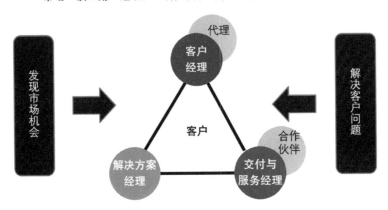

根据所处行业特点，建立"以客户为中心"的一线"铁三角"

图 2-4 "以客户为中心"的一线组织

第一，在华为对海外市场的运作和支持模式形成定式之前，其机关员工通常不愿意到贫穷落后的海外地区工作。

第二，支援海外的员工经常会遇到签证问题。在很多情况下，员工为了响应一线紧急的要求，会选择用快速办理旅游签证的方式到当地去工作，而这样的操作可能会违反当地的法律。

由于诸多主观、客观的原因，一线呼唤"炮火支援"的时候常常得不到机关"炮火"的快速响应。因此，华为北非地区的工作人员对从发现机会到最后满足客户需求这一过程所需要的角色类型进行了分析，总结出铁三角模式所代表的三类角色。在一线建立含有这三类角色的攻坚团队后，80% 的问题都可以在一线闭环解决，只有 20% 的问题需要机关的"炮火支援"。这样的一线运作模式能够快速地响应客户的需求，抓住市场机会。华为公司通过总结一线的最佳实践，形成了一套独特的一线营销模式，具体内容详见图 2-5。

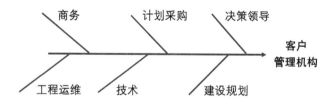

1.客户决策链要求

商务　　　计划采购　　　决策领导

客户
管理机构

工程运维　　　技术　　　建设规划

2.内部能力提升和风险防范
- "铁三角"的技能融合，降低客户界面的管理风险，如客户关系建立、需求理解的一致性和连续性等

图 2-5　"铁三角"建设的内在动因

此次变革是华为在没有外部咨询公司介入情况下进行的尝试与探索。构建"一线精兵作战模式"的一个最主要的原因在于企业需

要根据自身行业的特点，总结从发现机会到最后交付所需要的"一线角色类型"，总结归纳形成具有自身特色的最佳实践方法。

铁三角模式不但是一个高效发现机会和快速解决客户问题的模式，它的建设还产生了显著的内外利好影响。

首先，铁三角模式可以满足客户决策链上不同角色的需求。一般而言，大型客户和大型项目的决策层都不是个人，而是由诸如采购、管理、计划、商务、建设规划、技术评估、工程安装和维护部门的负责人所组成的复杂决策链。而在决策链上不同决策点的领导有着不同的需求和交流内容。

以技术评估项目为例。当时中国电信的 CTO 是个技术专家，他不太习惯于传统的关系营销的"三陪"模式，但是他很愿意交流技术问题，如技术的发展、其他先进运营商的业务规划等。需要安排解决方案专家，专门对接这样的客户。铁三角团队可以很好地匹配这样复杂的决策链，针对不同的决策链客户提供不同的服务。

其次，铁三角模式可以降低一线人员流动带来的风险。针对企业一线员工流动率和离职率高的特点，铁三角模式很好地确保了客户关系的稳定性，对客户需求连续性和一致性的理解，降低了客户管理风险。相反，有些企业的客户关系仅仅由客户经理把握着，而客户经理的离职会造成客户的流失，这对公司来讲具有很大风险。铁三角模式的出现也很好地规避了这样的风险。

2.3 全球化对营销的作用——平台构建

2.3.1 轮岗培养

铁三角模式不仅仅是有效的一线运作模式，还是很好的基层干部培养方法。通过一线运作的锤炼，铁三角中的三类角色可以得到融合，每一个人都会得到良好锻炼，掌握多项技能，切实实现了"一专多能"。

早期，在市场拓展的时候，企业经常选择在本地有"深厚"关系的人作为市场负责人，以便能够实现快速签单。华为早期也是采取这样的做法。然而，很快，华为意识到通过关系网带来的生意是短暂的。客户往往是在和个人做生意而不是和企业做生意。当这个人离开了以后，他的客户也跟着离开。顺德一家企业就是一个典型的案例。该企业的营销副总牢牢把控着所有的客户关系，当这位营销副总离职之时，把将近一半的客户都带走了。

因此，华为摒弃了这种关系网式的生意模式。在华为有一个不成文的规定，即本地人不允许担任本省代表一职。其原因便在于规避由于员工离职造成客户流失的风险。但是，省代表职位交由外地人来担任同样会造成两个问题。

第一，外地人在省代表等职位上担任时间过长以后，也会建立自己的关系网，这也会存在腐败的问题。

第二，个人在一个岗位工作过长时间后，他的工作热情会减退，效率会降低。这种现象是符合人力资源管理规律的。一个人在一个岗位工作 5 ~ 6 年，他的工作热情会减少，从第 5 年就开始以 30% 的速度衰退。因此，华为的市场代表，每过一段时间就会进行轮换。这种轮换使市场代表能够到一个新的岗位，面临新的客户、新的市场、新的挑战，学习新的知识，并能够激发员工新的工作热情，使干部能得到提升。

在轮岗策略显示出巨大的优势后，华为将此策略从市场部向其他部门拓展。华为规定：人力资源、研发、财务等部门的员工都需要到一线去轮岗。特别是研发部门曾经规定过 15% 的人必须到市场一线去。为了开拓国际市场，华为还规定：没有海外工作经验的员工不能提拔。如此大规模且系统性的轮岗模式在华为内部被称为"混凝土式的干部培养方式"。这样的轮岗，为形成"大平台支撑的一线精兵作战模式"打好了干部基础。

2.3.2 撬动变革

企业的流程和组织设计通常由总部机关负责。如果这些总部机关一把手缺乏一线工作经验、不知道市场的需求和运作方式，那么所制定出的流程和设计出的组织一定是以本部门方便管理为出发点的，而不是以一线业务发展为出发点。许多企业掌握管理资源的部门领导不懂一线业务实质，因此无法做出符合一线业务发展需要的组织流程。正是因为这些原因，很多企业即使学习了华为的大平台支撑的组织架构，也仍然难以有效提高企业的管理水平。

华为则不同，华为机关的一把手基本上都是在一线工作过的。在一线工作过的机关干部知道一线的困难、需求和运作模式，因此才能构建一线呼唤"炮火"、"炮火"又能快速准确地到达一线的治理架构。

面对不同级别的客户，华为建立了不同的一线铁三角运营模式。同时，为了实现一线铁三角模式的完美运行，华为对支撑铁三角模式的机关平台的专业化提出了很高的要求。具体而言，华为要求营销平台要有专业的营销能力，产品要与竞争对手的方案有区别，财务体系、人力资源体系和法务体系要能够理解一线的业务，从而快速支撑一线的业务发展。

2.3.3 平台构建

华为在全球范围内不同地区的客户，往往有着不同的需求，如解决方案、供应链甚至不同语种的培训等。针对这一特点，华为在业务平台方面也做出了改革。早期，华为的业务平台只有前台和后台。随着全球化的发展，华为在全球各个片区形成了中台，即华为常说的"重装旅"，其作用在于根据不同客户需求快速提供不同的服务。由此，形成了一个大平台支撑的一线精兵作战模式，如图 2-6 所示。

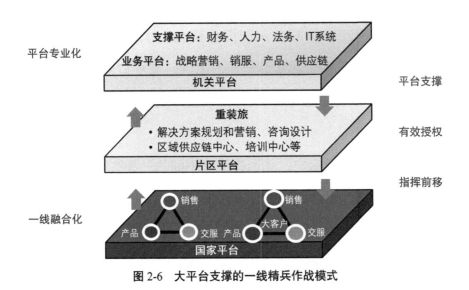

图 2-6　大平台支撑的一线精兵作战模式

大平台支撑的一线精兵作战模式还包括两个重要的理念。

第一，指挥系统前移，以便实现决策效率的显著提升。华为将诸如产品规划、解决方案、营销咨询设计等业务的指挥层都放到了一线，使其尽量贴近"战区"。同时，华为通过一些有效的授权方式，包括价格授权、需求授权、考核授权等，赋予一线真正的决策权限，使一线能够真正指挥得动大平台。通过这样的做法，一线的问题无须事事都要返回总部进行决策，因此实现了决策效率的提升，保证了一线的"炮火"呼唤能够快速得到响应。

第二，在设计流程和组织架构时，华为主张从一线"回溯"梳理流程和组织。在梳理的过程中，华为会坚决砍掉不在主业务流程上的组织，通过提炼业务的本质，形成最佳的业务实践，以最佳业务实践作为流程设计的基础。建立以客户为中心、以市场为驱动的流程化组织，使华为可以高效地响应一线和市场的需求。

一线运营模式和组织流程的建设是当今很多企业面临的共性问题。很多企业是从子公司开始发展的，即先有子公司后有集团，也因此，企业在一线营销运作模式、一线和机关之间协同、支撑一线运营模式的平台能力等方面存在着不少问题。企业在学习华为的第二次转型的过程中，一定要根据自己行业的实际情况，仔细思考如何构建一线组织，以及如何构建支撑一线运营的大平台。

2.4 商业模式转型对营销的作用

2.4.1 再次蝶变

华为的第三次转型是商业模式的转型，此次转型使得华为面对的客户开始从超大型商业客户（如运营商）转型为行业客户（如金融、交通、能源、政府、电力等）。相比运营商而言，行业客户对于 ICT 设备采购较少，个性化定制需求较高。同时，华为也在尝试直接为市场大量的最终消费群体提供终端产品。

华为进行这一次转型的原因有如下几点。

第一，华为需要通过商业模式的转型应对通信市场的价值链变化。早期，通信市场的价值链曲线类似一条"哭泣曲线"，即曲线的中间高两端低。曲线中间部分代表投资最大、最重要的通信系统设备，曲线两端分别代表内容和终端设备。同时，早期终端设备功能比较简单，主要是个人的电话及短信服务，因此，产生的价值远不如通信系统设备。然而，随着手机等终端设备的复杂化、智能化，终端设备生产商接受的市场投资也越来越多，其服务内容也得到了极大丰富。终端设备在给广大终端消费者带来便利的同时，也产生了巨大价值。这样就使通信市场的价值链发生了巨大的反转，价值链曲线由原来的"哭泣曲线"变为了"微笑曲线"。

为了发现新的机会，挖掘新的价值，华为自然要去"触碰"终端设备和内容服务。这也是企业在行业内能够长期生存的一个重要法则——企业要能够感知自身行业价值链的变化，并不断地去适应市场变化，从而确保永续经营和持续发展。

第二，华为需要通过商业模式的转型以深入了解最终客户的需求。以客户为中心、了解客户需求是华为企业战略的核心。然而，在华为未转型之前，即使是华为的最大客户——中国移动、中国电信、中国联通对最终客户需求也是"了解不详"。以客户为中心并将之作为最高战略的华为是不能接受这种情况的。因此，华为将商业模式延伸到内容供应商和终端设备使用者，以准确了解最终客户的需求，以顾客反馈为端点的营销流程详见图 2-7。

经过商业模式的转型，华为开始为内容服务商提供设备，同时为终端消费者提供终端产品。这样的做法使得华为获得了以往未获得的大量客户需求。例如腾讯、阿里这样的服务商客户，其对 ICT 设备的需求就跟传统的运营商的需求相差甚大。传统运营商对于设备的需求，基本上是希望买到的设备能够长期高质量地运行。而对互联网内容提供商而言，它们更希望设备能够提供弹性设计，同时，在运算速度和存储容量上能够有灵活的配置。

一家企业，不但要敏感地了解自身行业的价值链变化，还要敏感地了解处在市场价值链高端的客户需求在发生什么变化。敏感性才是使企业立于不败之地的秘诀。针对行业价值链的变化，如何迁移客户群体，如何确立核心战略控制点，是值得每个企业，尤其是高速发展中的企业深思的。

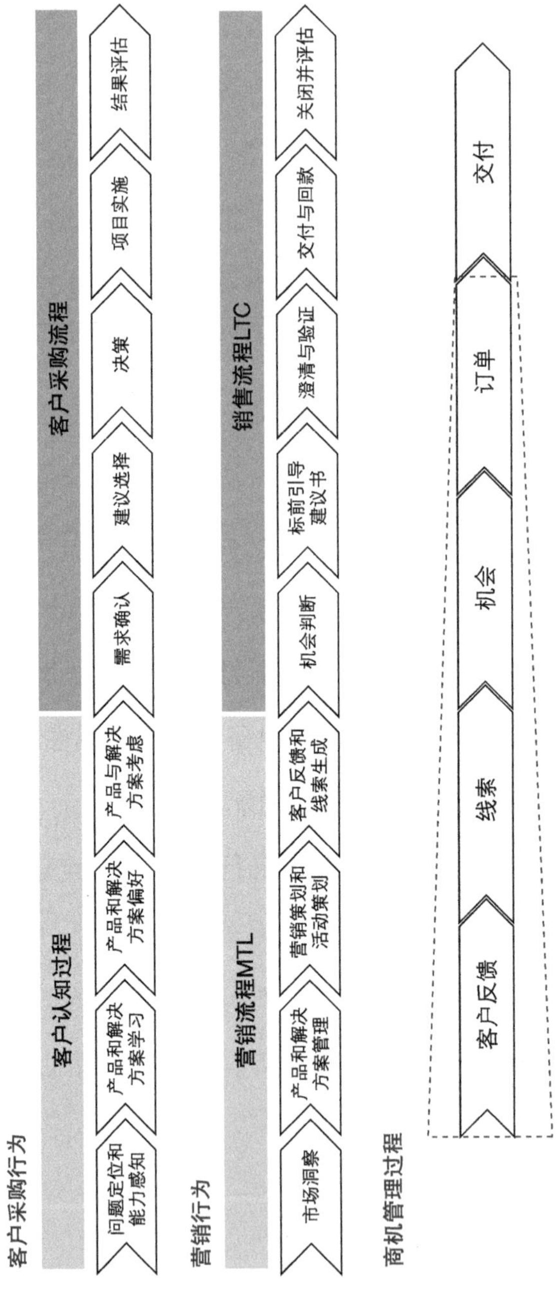

图 2-7 “以客户为中心”的营销管理流程

2.4.2 全方位营销

经过商业模式的转型，华为开始面对运营商、行业客户与终端客户这三大类客户，而三大类客户在需求、产品开发和运作上都有极大的不同。例如，传统运营商强调大客户战略及如何使运营效率持续提升，然而，行业客户与终端客户则不然。华为作为一个 ICT 产品厂商，面对三大类存在巨大需求差别的客户，如何满足大量的业务定制化需求呢？

早期，华为希望对每一类客户的需求都提供完整的解决方案，这需要大量的行业专家进行方案定制。然而，如此的做法势必会使投入和产出不成比例。与此同时，华为早已习惯了传统运营商市场的直销模式，而对于如何去利用和管理多种市场渠道尚"不甚了解"。

经过痛苦的思考和摸索，华为逐渐形成了生态链合作战略，也学会了如何去与各种各样渠道的合作伙伴进行合作，以及如何充分利用互联网模式来实现线上、线下、直销和分销的联合营销方法。

对于终端客户，华为更重视用户体验，如终端设备的外形、操作界面等。相比于传统通信设备的"傻大黑粗"，面向终端客户的产品需要对外形和操作方式进行特殊设计。如何利用门店和互联网方法来进行品牌营销、更亲近地和终端客户拉近距离，这需要企业全面地学习和提升。

由于华为商业模式的转变——从面对少数的商业大客户变为直接要面向成百万的中小企业用户，以及成千万甚至上亿的终端客户，其原来的销售模式、合同管理模式已完全不能适应如此量级的客户规模。因此，华为将企业分为了三大业务群，其组织结构也发生了一个较大的调整。华为还引进了两个非常重要的流程体系，即 MTL 和 LTC（见图 2-7）。MTL 意为从市场到线索，即经过了一定量的市场行为后，形成了多少线索。LTC 意为从线索到现金，即上述线索中有多少孵化或转换成了销售的机会，进而变成了合同，最终变成了回款。这两个流程使华为的营销体系结束了没有流程支撑的尴尬局面。

华为既有战略客户，又有大客户、中小客户。其销售模式从直销、准直销到分销，以至于对更小的企业采用电子商务平台的服务模式，以对不同客户的合同管理和营销进行区分对待，详见图 2-8。这使华为真正掌握了全方位的营销拓展方法。

经过三次大的转型，华为的营销体系无论在组织流程还是在能力上都实现了质的飞跃。华为从传统的关系营销走向了价值营销；从一线孤军奋战、孤胆英雄的工作模式，探索形成了独特的管理治理架构或独特的营销模式，即"大平台支撑的一线铁三角精兵作战模式"；在营销能力方面，华为从低水平重复摸索，变成了通过最佳实践总结以及结合最先进的 MTL 和 LTC 流程，构建了整个营销流程体系。这样的体系使一线能够准确地呼唤"炮火"，"炮火"又能高效地到达一线。同时，让一线的市场经理和市场代表懂得"炮火"也是有成本的，进而构建了华为完整、系统的营销体系。

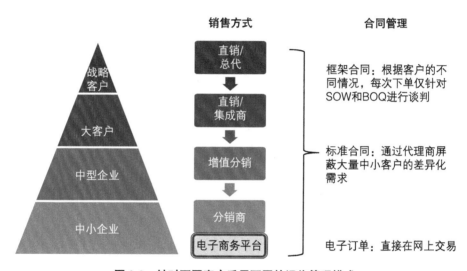

图 2-8　针对不同客户采用不同的运作管理模式

HUAWEI

HUAWEI

HUAWEI

HUAWEI

第三章
营销铁军的建制与纪律

HUAWEI

HUAWEI

HUAWEI

HUAWEI

HUAWEI

上一章对华为营销体系进行了总体介绍，旨在分析华为三次转型对营销体系建设的影响。本章将从人才选拔、营销流程建设，以及流程型组织的搭建和考核激励方面进行详细的讨论与介绍。

3.1 营销体系建设

3.1.1 选人育才

销售岗位是企业最重要的岗位之一，然而并不是所有的人都适合做销售岗位。据统计，适合做营销的人，在人群中只占总人数的不到 25%。因此，如何发现和培养这 25% 的营销人员，是摆在每个企业面前的一个重要问题。早期华为主要通过招聘一些有社会关系、具备销售经验的人员作为营销体系的主力。随着企业的发展壮大，华为在一线补充了大量的应届毕业生作为销售人员。

很快，富有闯劲且易接受华为文化的应届毕业生便成为一线销售的主力军。应届毕业生被大量充实到一线，其中，适合做营销工作的高素质员工会被华为内部称为"高压强高激励"的措施快速地筛选出来。例如，让4个员工去做正常6个员工才可以完成的工作，给予这4个员工5人量的奖励……通过如此高压强的任务，"逼"这些应届毕业生快速地成长。除了高强度的任务指派之外，应届毕业生还会被指派导师，由导师对他们的行为和工作计划进行详细指导，这种指派导师的方式被称为"传帮带"。

华为将适合做销售岗位的员工筛选出来进行在岗培训，使之快速拥有专业销售素养。通过时间管理、客户关系管理等措施，华为实现了对一线销售人员的在岗培训，从而培养出一批优秀的销售人员。

时间管理是培训销售人员的关键一环。时间管理的核心是管理销售人员的时间，使一线销售人员的绝大多数时间都是和客户待在一起的。如当时华为在海外有一个相对比较"奇葩"的管理方式，即海外公司的座位数少于派驻到海外员工的数目。据说此方法是学习了一个挪威运营商的先进做法，其原意是希望用这种流动办公室的方法告诉一线人员——你不应该坐在机关，而应该花更多的时间跟客户在一起。这样看似简单粗暴的管理方式，实则说明了华为对于花更多的时间在客户身上的重视。

除时间管理外，华为还要对一线销售人员进行客户关系管理培训，使一线销售人员掌握良好客户关系的营造方式。华为要求一线销售人员要像运营项目一样通过 PDCA 来管理客户，以保证销售人员与客户建立并保持良好关系。同时，针对一线销售人员只愿意跟自己谈得来的客户打交道的问题，华为要求一线销售人员要对客户进行分析。一线销售人员要了解客户决策链上的重要决策人有哪些，其中哪些是支持公司的，哪些是中立的，哪些是反对的。进而，一线销售人员须制定详细的工作计划，把持反对意见的客户逐渐变成中立的客户，把中立的客户逐渐变成持支持态度的客户，把持支持态度的客户变成一个坚定的拥护者和内部引荐者。

综上所述，华为培养一线销售人员的方式可以总结如下。

首先，通过高压强的工作任务和"传帮带"的导师制度，在大量员工中筛选出适合销售岗位的员工；其次，对筛选出的员工进行在岗培训，即时间管理培训和客户关系培训，使一线销售人员拥有专业的销售能力与素养。

通过对一线人员的培养，华为拥有了足够数量和足够专业能力的一线销售人员，足以应对市场需求的急剧变化。

3.2.2 完善体系

早期华为并没有营销流程，只是总结了一些打法和销售管理方法。在没有营销流程的时期，华为通过直销或者部分渠道管理机会点，同时把机会点逐渐通过技术引导等方式变成最后的产品或方案并实现交付。经过三次转型，华为通过总结最佳实践，形成了"铁三角"运营模式，进而有了一定的组织基础，然后形成了一些包括客户关系管理和客户满意度管理的基本营销支撑流程。

随着在 2005 年全面进入发达国家市场，华为逐渐建立起了营销流程。在营销流程建立初期，"营"和"销"是混在一起的。然而对于发达国家市场，"营"的工作占据着更主要的地位，因此华为将营销工作逐渐从销售体系中剥离出来，实现了营销体系的清晰化。华为从此逐步形成了涵盖市场洞察、细分市场管理、需求管理、产品上市计划管理、品牌营销、营销活动策划以及最后的深层孵化管理等环节的完整的营销体系。

具体而言，华为的营销体系分为两部分，即一线精兵作战模式及后方高效协同的大平台体系。对于一线精兵作战模式——"铁三角"，其三类角色的分工决定了一线团队的工作方式及工作效率。一般来说，在"铁三角"的三类角色中，客户经理是项目的负责人，但在客户采购的不同阶段，这三类角色的分工又有所侧重。早期华为的营销体系重点在于第一阶段的建设，即对经过验证的机会点进行标前引导，制定方案和进行合同谈判。随着营销能力的提升，华为逐渐从第一阶段向前进行了延伸，在验证机会点之前便对线索进行研究和管理，逐渐引入了"营"的内容，即进入了第零阶段。

在营销体系的第零阶段，"铁三角"模式的重点角色为 SR，即解决方案经理。其主要作用在于对早期线索进行识别、发现和孵化。当线索经过验证，成为比较合适的机会点之后，"铁三角"模式的重点角色转为客户经理。在此阶段，客户经理作为接触客户的唯一界面或第一负责人，会带领"铁三角"进行机会点管理，并进行标签引导和解决方案的制定。客户经理作为重点角色的阶段会一直持续到谈判结束后，直至签署合同。在交付阶段，"铁三角"模式的重点角色则转变为交付经理，直至交付完毕，关闭合同。当新的机会点被发现时，重点角色则又会转变为 SR。通过不断循环往复，"铁三角"模式变成了一套"胜则举杯相庆，败则拼死相救"的结构。

华为的案例可以给予企业的启示是：只要仔细地挖掘一线业务的本质，就能构成适合企业发展的"铁三角"模式。"铁三角"模式是一个泛指，其角色构成可以不局限为三类角色，可以是二类角色或四类角色。

面对不同复杂度的产品，抑或是直销、分销等不同销售模式，"铁三角"模式都是适用的。对于复杂的产品及直销的分销体系，"铁三角"模式可以作为直接参考，以使企业设计自己的一线组织框架；对于分销体系和产品都相对简单的企业来说，企业要对"铁三角"模式进行适当调整，要在客户经理的层面增加渠道和门店的管理。

企业要根据自己行业的实际情况，调整"铁三角"模式为"铁二角"或"铁四角"，如增加财务回款或法务等角色。通过结合实际来调整一线人员的角色构成，企业才可以有机会满足客户真正的需求。

3.2 "铁三角"管理

事实上，很多企业在落实"铁三角"模式时会面临诸多问题。第一，由于资源紧张，"铁三角"无法落到一线，该问题对处于发展关键期的中小型企业来说尤为突出。第二，很多企业对"铁三角"的管理、考核方式以及奖金分配方式等内容不了解，进一步造成了"铁三角"落地困难。其实，华为在初期和很多企业一样，也面临种种困难，如一线市场人员缺乏、能力不足，一线没有足够的流程支持，在产品研发和市场销售之间缺乏一些重要的环节，市场需求无法转换成产品特性，新产品出来之后没有一套完整的流程来支撑其上市和销售……

面对上述问题，华为做了两方面的尝试。

一方面，华为在研发体系内部建立了一个市场技术处，搭建起研发和市场的桥梁。市场技术处可以使市场需求高效转化成产品特性。新产品研发出来之后，也率先由市场技术处进行一线推广。

另一方面，华为在销售体系里建立起一个具有技术行销和技术支持作用的部门，其主要作用是协助客户经理进行产品和技术的标签引导、技术方案的制定、产品测试以及后期技术支持。这样做相当于在研发部门内构建了一个偏向于市场的部门，又在市场销售部门构建了一个偏向于技术引导和技术支持的部门，使两个部门能够在各自的体系里发挥良好的作用，这样既可以推动公司的研发进度，又可以对新产品进行上市推广。随着后期发展逐渐成熟，华为在产品和销售之间进一步构建营销体系，使产品从需求管理、产品规划、产品上市到产品与解决方案的全面推广，形成了一套完整系统的营销体系。

企业在构建"铁三角"时，一定要坚持业务驱动的基本原则，即通过总结最佳的一线运作模式，确定从发现客户需求到最后交付过程中需要的重要角色，将其进一步细化巩固为流程，这样才能保证"铁三角"的落地。在实际操作过程中，企业要针对不同客户类型进行一线运作模式的调整。比如，战略客户的价值较大、需求较多、未来发展潜力较大，企业要针对这样的客户建立大客户专属的"铁三角"模式。对于代表处或片区，为了保证其工作效率，可以建立共享的"铁三角"模式。

从组织架构来看，建立在代表处的"铁三角"模式，一般由代表处的代表作为主要负责人，下属三大功能模块，即销售副代表、产品解决方案副代表和交付副代表。其中，销售副代表对客户经理、商务代表进行总体管理；产品解决方案副代表对产品的营销组织以及行销组织进行统一管理；交付副代表对技术服务交付本地供应链和本地合作伙伴进行统一管理。

大客户系统部在业务上相对独立运作，华为的代表处共享行政平台。特别对大的跨省、跨国的系统部，华为在不同国家和地区建立了子网系统部，设置客户主管、产品主管和交付主管。同时，大客户系统部还对各个国家的子网系统部进行统一管理。

在实际运作中，"铁三角"常以项目形式进行运作。项目由三个主要的功能模块或工作组组成。对于一些大型项目，还需在公司层面、代表处层面、片区层面由高层领导指挥，以保证整个项目有效运作。

一般来讲，"铁三角"项目也可分成三大类角色，就是客户和商务工作组、解决方案工作组以及交付与履行工作组，三类工作组负责不同的职能。华为虽然没有实行事业部制，也没有真正进行子公司运作，但华为每年有1万多个报表，这些报表会对应一些大的项目，这些项目普遍采用"铁三角"运作模式来进行管理。同时，华为有一套非常完善的 IT 系统，能够支撑每个项目，特别是大型项目的财务核算。华为通过财务核算管控项目盈利情况，根据盈利情况来选择考核激励方式。这样就使一线的项目经理有了真正的分配权。

　　早期华为的"铁三角"模式也并不完善，有"铁三角"的"形"，但常缺乏"铁三角"的"神"。华为早期对"铁三角"的考核和基本职责划分是各管一段，各部门间存在部门墙，使得"铁三角"变成了"三角铁"。"铁三角"的三类角色分工不同：客户经理对客户关系和销售指标负责；产品行销经理或者解决方案经理对技术引导达标和产品推广负责；交付经理主要对交付工程安装和售后支持负责。由于不同部门间存在部门墙，当一个项目丢单时，大家往往会互相抱怨，而不是积极主动地寻找对策。

　　随着职能和考核方式的优化及 IT 系统的支持，华为能够进行更加精细的项目核算，其考核权和奖金分配权等权力逐渐向一线倾斜，考核指标也逐渐优化。比如，原来销售指标只由客户经理负责，现在解决方案经理对产品和方案销售指标的达成负责，同时也对产品需求管理负责。客户满意度原来只是由客户经理负责，现在解决方案经理也要对产品层面的客户满意度负责，交付经理要对服务层面的客户关系和满意度负责。回款原来也只是客户经理负责，现在交付经理要保证拿到验收报告，也就是说，交付经理也要对回款负责，而且交付经理还要对服务销售的具体指标负责。

　　通过相互融合的指标设计，以及通过把权力交给项目经理的方式，华为使一线人员真正做到了"力出一孔，利出一孔"，而且一线负责人拥有了对整个项目员工的考核和奖金分配的话语权，这使得一线人员能够真正有能力呼唤"炮火"的支援。

3.3 前后方协同机制

3.3.1 前后协同

建立前后方高效协同的平台体系和机制是一线"铁三角"精兵作战模式建立之后的又一重点。华为以项目驱动来逐渐丰富和完善前后方协同机制。早期，华为的大客户较少，而大客户的需求先进且复杂。为积极协调公司内部资源，以满足大客户和大项目的不同需求，华为采取了大客户突破赞助人制，这些赞助人有许多是华为的高层领导。

通过这样的方式，华为解决了一线大项目的若干问题。然而，随着全球化的不断推进，类似之前的那种大项目规模的项目和客户越来越多。因此，华为探索建立了一套针对大项目和大客户的新运作机制，以提升项目的运作效率（如图 3-1 所示）。华为针对这些大客户、重要市场的海外产品，通过相对独立的运作机制，不断地由点到面，建立了跨部门、跨一线以及跨平台部门的协同，直到机关总部建立起一套从销售管理到产品、解决方案行销、市场营销、服务与交付管理以及财务管理的一系列支撑平台（如图 3-2 所示）。这

从项目管理到组织运作，实现可持续发展的战略目标

- 通过项目运作，提升一线组织及公司整体的协同运作能力

- 通过项目管理，构建高效组织运作模式，进而撬动整体组织转型

图 3-1　建立前后方协同机制

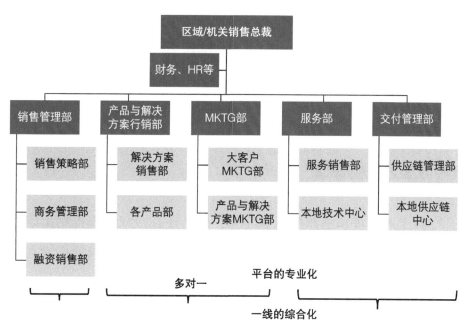

图 3-2　平台组织建设

使得部门的专业化越来越强，市场营销部门聚焦大客户，逐渐构建了产品解决方案咨询和设计能力及大客户营销作战能力，"营"的水平得到质的提升。

当一线呼唤"炮火"的时候，机关总部能够准确快速地提供一线需要的各种各样的"炮火"支援，包括产品技术引导、商务报价指导、融资、供应链以及技术服务专业化指导。针对大客户，华为还成立了一线大客户系统部以及机关大客户解决方案部等镜像组织，其组织模式类似于"数字孪生"（digital twins）的概念。此模式除了有镜像组织之外，在解决方案的搭建方面，也在一线和机关形成了两套镜像系统。镜像系统能够根据一线需求的变化，在机关内快速地开发出满足客户需求的测试版本，并通过网络快速地传输到一线，及时满足客户的需求。

3.3.2 授权管理

除上述系统和组织的镜像之外，华为还在授权管理机制上建立了必要的规则，使一线能够有更大的决策能力，以确保前后方高效协同。

第一，价格授权。早期华为的价格权力控制在公司总部。在全球化发展过程中，华为的一线人员在和客户进行谈判时，经常由于时差的原因，需要连夜把公司的高层领导拉上来进行价格的授权谈判，造成了极低的效率。后来，华为把定价权下放到片区，由片区根据实际情况直接决策。这种做法提高了响应客户的效率，在谈判过程中使华为掌握了主动权，实际上实现了从总部到一线片区的充分授权。

第二，有限的需求授权。为什么对于需求是有限授权，而不能完全授权给一线？因为需求需要研发，需要财务部门来判断它的难度和投入产出比，这是一线很难独立完成的，所以需求是有限授权。有限的需求授权改变了原来一线提出的需求难以满足的情况——当需求比较好满足时，研发会快速响应；而对于不确定性需求，研发部门常拖而不决，往往使一线失去耐性，放弃了对需求的进一步了解和满足。因此，华为建立了新的需求承诺管理制度。新的需求管理制度使一线和机关相互制约。首先，一线需要对客户需求进行基本评审、判断和排序，而不是简单地把客户的每一个问题和需求都提交给总部。其次，要求机关在一线提出需求后，必须在一定限期内给出答复，即使此答复是"拒绝"。具体决策和授权标准如图3-3所示。

当总部根据实际情况判断了需求的重要性以及投入产出比后拒绝了一线的需求，一线也可以根据其对市场的判断，继续向IRB（即投资决策委员会）进行申诉，甚至越级申诉。当IRB形成了统一

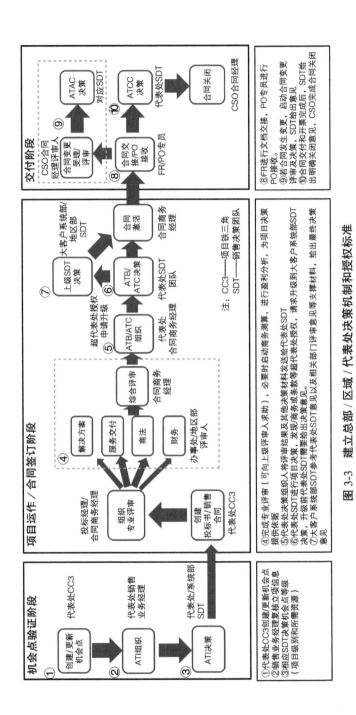

图 3-3 建立总部/区域/代表处决策机制和授权标准

决策结论后，一线需要按决策结论执行。根据决策结论对市场的实际影响，还可以对决策结论进行回溯。

　　当年，华为的香港代表处提出了某个需求，机关经过评审后认为香港市场较小，且满足该需求又比较难，不值得做，所以拒绝了香港代表处的需求请求。而香港的这个客户虽然总部在中国香港，但它在欧洲和大洋洲都有子网，市场规模并不小。因此，香港代表处据理力争，申诉至公司总部，最高决策部门仍然否定了该需求。后来发现，该需求没有被满足，不但影响香港市场，还影响到了其他市场，公司总部对决策进行了回溯，相关人员也得到了处理。华为的这个机制，就保证了一线不是随随便便提需求，机关也要通过综合评审来及时地答复一线需求。同时，一线还有越级申诉的通道，使需求的管理更加有序。

　　此外，华为也格外重视销售预测与交付间的计划协同。华为早期的销售预测是非常不准的，这给后端交付管理造成了极大困难。因此，华为在销售和交付协同领域进行了大力革新。通过数据收集、供需匹配、SOP[1]会议等，逐渐探索、形成了一套从收集数据、分析数据、评审数据到订货预测的管理方法，从而有效缩短了期间过程的时间投入，并重塑了产能分析和新产品的供应能力评估机制，

---

[1] SOP：Sales & Operation Plan，意为销售与运营计划。

构建了一套完整的销售交付协同机制。通过总结提炼，华为建立了一套从总部到区域代表处的决策机制、决策标准和授权方法，涵盖机会点验证阶段的机会点创建和机会点优先排序，项目运作与合同签订阶段的专业评审，以及从解决方案评审、服务交付评审、商务和法律评审、财务评审，到实现合同的商务授权（见图3-3）。

华为在交付阶段会对合同变更、需求变更以及合同关闭进行必要的评审和授权，形成了一套高效的决策和授权机制。这使一线的运作更加有序高效，也更贴近客户需求。

3.4 营销考核方式

考核机制是一个企业经营理念及价值导向的最后体现和最终落脚点，因此，在完成了一线"铁三角"营销组织的建设并建立了高效的协同机制之后，考核方式的设计就显得尤为重要。本节重点强调在营销体系中，如何通过考核机制的设计使原来对个人努力的过分强调逐渐转变为对团队协作的重视，如何从只重视短期利益转变为能够平衡短、中、长期利益，以及如何通过考核机制的设计，加强部门之间和前后方的协同。

早期华为一线销售人员的奖金主要通过销售提成来分配，其好处在于此方式比较透明，销售人员在获得合同后能够及时得到奖励，而且能够让销售人员清晰地看到：业绩越高奖金越多。然而，这种分配方式的致命缺陷在于其更加强调了个人的努力，而忽视了团队协作。

对于华为这种产品和解决方案相对复杂的企业而言，一线的团队协作对于实现销售目标至关重要。因此，华为在很早便废止了销售提成的奖金分配方式，采用了"赛马文化"式的考核机制，即先强调团队的贡献，再强调个人的贡献。即使各个销售团队都做得比较好，也仍然需要进行 ABCD 等级评估并排序，排序为 A 的销售团队一般只能占总数的 10%，排在末等的团队要占总数的 5%。

在薪酬分配时，华为从销售利润中提取一定比例的金额来作为总体奖金包。而在分配奖金包的时候，根据与原来制定的绩效目标的对比来考核不同的销售团队，并且进行排序。排在前面的销售团队，其奖金包的奖金系数就要比平均的高。而排在后面的团队的奖金包的奖金系数就要比平均的低。当奖金分配到了各个团队之后，再根据团队中成员的绩效完成情况进行排序，进行二次奖金分配。

最终，一个员工的奖金多少，首先跟他所在团队的奖金包的大小有关，其次才跟他的个人绩效有关。例如，一名在 A 团队的员工，他在团队中的考核结果可能为 C，然而他的奖金甚至可能要比在 C 团队的考核结果为 B 的员工的奖金还要高。通过这种"赛马文化"，华为使整个团队有了更好的绩效，从而提高了公司的整体业绩。相关绩效考核机制如图 3-4 所示。

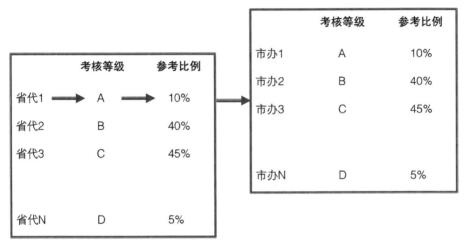

图 3-4　绩效考核机制举例

在这种机制下，团队成员首先会努力保证自己的团队是排在前列的，然后再跟自己的团队成员比绩效。所以，在一线的销售团队里经常会看到一个神奇的现象——大家在进行周例会时，一半时间用来讨论绩效完成的情况，另一半时间则是在分享经验，大家都在真心地帮助团队成员。

对于销售团队来讲，华为一直强调以客户为中心，但对于研发、供应链等相对后台的部门来讲，很难界定这些部门是否以客户为中心，这就导致有段时间华为的研发和销售之间经常出现一些不协调的声音。比如，研发部门经常会抱怨，根据一线的需求开发出新产品以后，新产品销售得不好，一些重点市场的销售目标没有完成，这是市场部门的责任。而市场部门则会抱怨，研发部门开发出来的产品没有竞争力，产品质量存在比较缺大的缺陷，客户不太愿意接受这样的新产品。

针对此现象，华为理清了内部的客户关系、前后方协同以及上下游业务单元之间的输入输出关系，提出"内部客户也是客户"，形成了一切以客户为中心的原则。同时，华为重点梳理了研发部门和市场部之间、市场部与交付部门之间的流程关系、相互的交付件。华为还重点针对协同问题设计了考核指标和考核方式，使前后方以及部门之间的协同关系得到了加强。

例如，对于新产品的销售额，华为提出既要对市场部门进行考核，也要对研发部门进行考核，使研发部门和市场部门拧成一股绳。在对研发部门的考核中，华为根据市场对研发部门的抱怨和流程中的上下游关系，设立了研发部门对客户需求的响应速度指标、新产品的亮点指标以及新产品质量指标。在对市场部门的考核中，华为设立了市场关键客户的突破指标、准入率指标以及新产品销售的增长率指标。这样使大家真正做到了互为客户，且都面对最终的销售额，做到"力出一孔，利出一孔"。

更进一步，华为优化销售考核机制，从重视短期利益向能够平衡短、中、长期利益迈进了一步。

华为针对不同的产品和不同的市场（即新产品新市场、老产品老市场）采取了不同的考核方式。对于现有市场和现有产品，华为更多地考核销售收入、利润率、市场份额等财务指标和市场目标。而对新客户和新产品，特别是有些在一个考核周期（也就是一年）内无法实现销售的长期战略客户，则采取了完全不同的指标。长期战略客户在一个考核周期内很难实现销售，如果用短期财务指标来考核，其项目团队的考核排名就会很低。因此，华为针对这种客户的项目，设计了一些关键的里程碑作为考核标准，从而平衡了短、中、长期的利益。

华为通过考核机制和其他配套的管理方式，使客户源逐渐由分散的客户聚焦为价值大客户。此处的价值大客户是指那些与企业门当户对的、未来发展潜力大的、一般需要有一套与之对应的专门研发资源和供应链资源来保证服务的客户。对这种在一个考核周期内不能马上产生销售和短期财务收入的大客户，企业要用特殊的考核方式才能实现突破、把握战略机会点。

企业一定要根据业务的实质，组建高效的、流程型的营销组织，并且要制定以价值为导向的激励机制。中高层管理者，特别是总部机关的中高层管理者，手握重兵，具有制定规则、设计流程和组织架构的权力，因此必须树立以客户为中心、以市场为导向的观念，并且要落实到行动上。一线的代表处代表或大客户系统部部长也要从客户经理的角色转换成本地 CEO 和大客户 CEO 的角色，树立良好的价值导向原则、提倡团队协作和以结果为导向的激励方式，平衡短、中、长期利益，建设好包括营销策划专家、咨询专家、交付专家等人员的组织体系。只有这样，才能建立一套高效的流程体系、组织体系，才能打造出一支无坚不摧的营销铁军。

3.5 营销流程

3.5.1 与客户采购过程对应的两大营销流程

随着营销变革的逐渐深入，华为建立起了两个最主要的营销流程（见前文的图 2-7），即比较偏向于"营"的 MTL 流程和比较偏向于"销"的 LTC 流程，结束了公司内部没有完整营销流程的历史。一般客户的采购过程分为两个阶段，即客户认知阶段和客户真正的采购阶段。上述 MTL 和 LTC 流程的实质就是匹配了客户采购过程的两个阶段，其中 MTL 流程对应了客户的认知阶段，而 LTC 流程对应了客户的采购阶段。在客户的认知过程中，客户会针对自身存在的一些业务问题来寻找新的解决方案和产品。因此，企业在营销流程中要有敏锐的市场洞察能力，要能清晰地感知到市场的变化、客户的变化、出现的问题，并做出自己的战略调整。

当客户定位了自身问题，并开始寻找和学习新的产品及解决方案时，企业在营销过程中要开始对自己的产品和解决方案进行宣传，突出自己企业的商业价值、技术优势和其他对客户有价值的方面。

当客户学习到了基本的产品和解决方案，开始对产品和解决方案进行选择，并在行业中寻找供应商时，企业在营销过程中就要进行营销策划，使客户能够快速地感知本企业的产品和解决方案，能够对产品和解决方案的优点及价值有清晰的认识，使客户能够偏向于本企业的产品和解决方案。

当客户开始认真考虑产品和解决方案的实施时，即客户完成了其对一个新的产品和解决方案的认知过程后，此时企业要敏感地发现客户对产品和解决方案的反馈意见，以及客户可能进行的产品和解决方案的采购，以完成对应于客户认知过程的营销过程。

当客户认真考虑了企业提供的产品和解决方案，开始确认其详细需求，进入采购决策阶段时，客户开始有了相应的预算和实施计划的负责部门，企业此时可以对线索能否成为机会点进行判断，当时机成熟时，企业的营销工作由此进入 LTC 流程。

当客户确认了需求，开始发出标书进行供货商招标时，企业要抓紧进行标前引导，把自身的技术优势和技术亮点写入标书，以影响客户的标书制作。同时针对标书的需求，提供有竞争力的建议书。

当客户要进行选择和最终决策时，企业要对自身的技术优势进行澄清，或进行一些现场的概念性验证和测试，以支持客户选择自己的产品或解决方案的一些决策行为。

当客户做出最终决策并签订合同后，企业就要进行项目的实施。此时企业要快速地组建交付团队。有的时候需要交付团队将工作前移，在建议书的制订过程中提前对整个合同的交付背景进行了解，以便实现高质量且快速的交付。通过项目的成功实施和交付，最后实现回款。

当客户经过项目的实施，达到了项目目的，最后进行结果的评估之后，企业要关闭销售合同，进行总结。通过这个过程，企业实现了一个完整的从客户反馈到线索生成，到机会点把握，到最终订单实现的商机管理过程。

3.5.2 偏向于"营"的 MTL 流程

上述两个流程当中，MTL 是偏向于"营"的流程，主要包括以下几个部分。

第一部分是市场洞察。市场洞察部分又包括两个关键分析维度，既要从整体上对市场进行分析，也要对市场细分过程中的一些关键客户进行洞察。

第二部分是细分市场管理。此部分的目标是选择最合适的细分市场，并且针对细分市场形成企业自己的产品组合、产品规划，以指导下一步营销计划的制订。

第三部分是市场策略的制定。企业要通过合理的市场策略的制定，包括上市路径的选择、营销内容的开发及营销活动的设计等，发现客户的需求与反馈，发现市场线索，而且制定完整的线索分析、孵化过程，使线索转化成销售机会。

上述三部分便构成了MTL"营"的业务全景图，如图3-5所示。

为了建设高效的营销组织，华为营销体系的一级组织完全建立在MTL的一级流程上，而且华为用MTL业务全景图的具体内容来定义各部门的关键职责，从而形成了流程性的营销组织。

3.5.3 偏向于"销"的LTC流程

LTC是一个偏向于"销"的流程。在拥有较强销售能力的基础上，华为通过实践的提炼形成了一线"铁三角"营销模式，并对"铁三角"中三个角色的关键职责进行了总结和提炼。通过LTC流程，华为对"销"的能力进行了更全面的总结和升华，弥补了一些关键的缺失，使其更加完备。LTC的全景图主要包括三大部分，即

市场维度	市场洞察（MI）	市场细分管理（MSM）			上市和销售需求生成（DG）			营销组合执行与效果跟踪（MQA）	
	客户维度	市场细分选择	市场优先级	产品规划和组合分析	上市策略	培训与使能	营销计划制订	营销活动策划	效果跟踪与评估
CPSET分析（含新媒体）	客户分类	本地市场吸引力评估	细分市场优先级判断	产品的市场定位	价值主张和营销大纲	内部使能沟通计划	当前上市计划总结评估	活动目标计划（包括和合作伙伴的联合营销活动）	活动总结和分析
VCC趋势分析	客户行为分析（含社交媒体）	本地市场SWOT分析	优势评估和差距分析	产品规划和研发驱动	上市路径确定	销售与渠道使能	标杆差距分析和改进计划	活动形式和发布内容确定	营销流程优化和复盘改进
市场细分	客户价值分析	商业模式设计	机会识别	产品组合分析（如BCG模型）	营销组合需求分析	内容开发（含营销资料、KM等）	客户互动策略	产品发布Checklist	客户反馈获取
市场空间和增长预测模型	客户需求调研		需求分析和确认	路标开发	客户分类和营销优先级确定	销售工具包开发	客户评分和再策略细化	资源落实和监控	客户反馈分析和筛选
	已有客户问题分析			业务与营销计划			营销框架本地化	客户反馈和线索管理计划	线索孵化和跟踪
市场定位SPAN分析	客户选择和痛点分析						年度计划（与销售推广计划协同）	具体营销活动的确定（如事件、Web等）	机会生成

贯穿始终的竞争分析（整个生命周期中，不同阶段竞争分析的重点不同）

图 3-5　MTL 流程全景图

管理线索、管理机会点和管理合同的执行，如图 3-6 所示。在管理线索之前，我们需要对整个公司的营销战略、营销计划以及客户进行全面的了解，并且对 MTL 形成的线索进行收集、管理、分析和验证。对于验证出来的确定机会点要进行标前引导。最后，通过管理客户的决策链，在谈判中把握先机，生成最后的合同。在合同执行中，我们要管理好风险，管理好合同的变更，使合同变成真正的回款。

在上述过程中，华为对"铁三角"团队的销售授权进行了清晰的定义，并且对项目群规定了清晰的管理方式，弥补了原来比较弱的解决方案式销售和咨询顾问式销售的问题，使营销能力有了质的提升和飞跃。

华为以客户为中心的营销运作模式有三个关键点。第一，一线有能力判断市场情况，能够准确地呼唤"炮火支援"；第二，华为建立了高效的前后方协同机制，使一线能够及时、准确、快速地得到"炮火支援"；第三，一线清晰地知道呼唤"炮火支援"是有代价的。华为在总结了最佳业务实践、结合了最先进的营销管理理论和流程的基础上，建立了一套高效的营销管理体系。在这一体系上，华为建立了英雄辈出但又不依赖个别英雄的营销铁军。

管理战略	管理线索ML	管理机会点 MO	管理合同执行 MCE	管理授权 和行权	管理项目群	管理合同 生命周期	管理客户 解决方案	管理项目
理解客户（CP/VP）	收集和生成线索	验证机会点	管理合同/PO接收和确认	管理销售授权	管理销售项目群	管理合同要素模版	解决方案销售	管理销售项目
制定战略规划	验证和分发线索	标前引导	管理交付（验收）	管理销售评审	管理交付项目群	管理合同文档	顾问式营销	
制定业务计划	跟踪和培育线索	制定并提交标书	管理开票和回款	管理销售决策		管理结构化合同信息		
执行与监控		谈判和生成合同	管理合同/PO变更					
评估规划执行绩效		管理决策链	管理风险和争议					
			关闭和评价合同					

图 3-6 LTC 流程全景图

101

第四章

深刻洞察市场，制定营销战略

4.1 营销战略制定

前两章主要介绍了企业营销体系的组建方式和如何构建一套高效的营销运作机制。

第二章阐述了华为的三次转型。通过这三次转型，华为的营销体系从主要依赖销售人员的个人能力，转变成了发挥组织的协同效应；从简单的关系营销和作为一名"价格杀手"，变成了价值营销；从没有营销套路到构建了一套大平台支撑的一线精兵作战模式。这种模式甚至成了华为关键的治理架构和核心竞争力。

第三章在提炼和总结华为营销体系的一些通用管理逻辑之后，通过对不同行业和不同企业的实践总结，阐述了一线营销"铁三角"模式的组建原则和协同机制的制定方法。从总体上介绍了在契合客户的从产品认知到完成采购的整个过程中，企业如何总结自己的最佳实践，并且结合最先进的营销理论，形成自身高效的营销流程方法。最后，对 MTL（从营销到线索）与 LTC（从线索到现金）两大营销流程的一些主要模块进行了对比和论述。

本章将主要对如何制定一个企业的营销战略、夺取市场的制高点进行论述。在企业的成长过程中，营销体系承担着最直接的销售压力，是否能把产品销售出去、为企业赢得收入和利润，不只是关系到营销体系的绩效，甚至关系到企业是否能够生存。因此，在这种长期的生存压力下，企业的营销体系会形成一种文化，这种文化以结果为导向，讲究实际绩效，重视当前机会的把握。企业即使度过了生存期，这样的思维模式或组织氛围还会延续很长时间。

这种氛围或者文化并不一定是错误的。但是当企业发展到一定规模之后，如果还是任由这种思维按照惯性发展下去，就会形成一种企业战略中的短视现象：企业只愿意聚焦眼前而不愿看中长期的事情。此氛围会让企业员工觉得讲战略比较虚，而更倾向于面向客户、面向竞争、面向项目去拿下订单，实现销售。这种思维方式对于企业的中基层销售人员来讲是没问题的，但是对于企业中高层领导来讲，这种以战术的勤奋来弥补战略懒惰的行为是不可取的。

若企业的战略导向不清晰，那么在一些关键战略扩张时期可能就会错失一些战略机会，从而影响到企业的长期发展。因此，如何制定企业的营销战略是企业发展的重点。营销战略不是孤立的战略，它要建立在对企业整体战略的理解之上，且一定要和企业的整体战略相契合。传统营销战略从战略方法论来讲，是基于业务领先模型（BLM）的，但是华为没有照搬此战略，其营销战略更重视最后业务业绩的达成。

归纳起来，华为整个营销战略的制定分为四大步骤。

第一步为战略分析，包含两个主要的模块。

第一个模块是企业要形成清晰的营销战略意图和目标。要制定比较清晰的营销战略意图，首先，管理层要对企业的整体战略有比较清晰的理解，在理解的基础上，形成营销业务体系的目标以及中长期的愿景；结合企业的短、中、长期利益，制定短、中、长期的目标，把营销的战略意图勾画清楚，形成总体指导。其次，营销体系要对市场进行充分洞察。洞察不是一般的分析，它包含了对宏观市场环境的分析、所处行业的细分市场分析以及企业主要客户的需求、计划与发展战略分析，同时还要对企业在细分市场中的竞争对手的商务策略、产品策略及营销策略有一个非常清晰的认识，通过市场洞察发现市场机会，支撑公司总体目标的完成。

第二个模块是创新。"以客户为中心"的创新，其基础是客户需求。营销体系是公司最主要的神经末梢，它直接支撑着公司的创新战略。对营销体系的评估，不只要向外看，同时也要向企业的内部看。营销体系不直接进行产品的研发，但是在企业形成创新的差异化优势或战略控制点的时候，营销体系要作为一个重要输入，要对客户的需求、产品的竞争力以及一些新的商业模式有深刻的洞察。营销体系要能够推动研发体系满足包括中长期需求在内的客户需求。在创新的过程中，营销体系肩负着推动公司形成高竞争力产品的重要职责，而不是像传统模式那样，公司有什么产品，营销就只卖什么产品。

第二步为战略决策，即企业如何根据实际的竞争环境和客户需求，形成一线的主要打法及商业模式。与此同时，企业要在此阶段对一线市场和客户的机会点有清晰的认知，并对这些机会点进行排序，以保证重点投入。一线要针对战略机会点制定落实措施，推动公司决策，进而把这些战略机会点变成实际销售。

第三步为排兵布阵，即对企业需要的资源进行合理规划。销售目标的制定不仅关系到销售体系的资源规划，还关系到人力资源的整体规划和企业后方供应链研发的各方面配套规划。因此，企业要对销售目标进行比较准确的预测，进而对营销体系进行结构性优化，以适应客户和市场的变化。

第四步为制订营销计划，这是营销体系建设中最关键的步骤，旨在将营销战略转化为当年的营销计划。合理制订营销计划，能够使营销战略与企业年度、季度甚至月度目标相结合，最终成为营销单元的考核依据，实现企业营销从战略到销售计划再到最后考核的闭环管理，具体如图 4-1 所示。

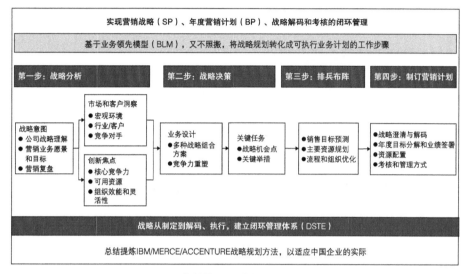

图 4-1 营销战略和营销计划制订步骤

4.2 营销复盘

在制定新的营销战略之前，企业需要对上一期的营销战略和上一年度的营销计划进行仔细的复盘。复盘的内容应包括常见的财务指标分析、上一期战略目标达成情况分析以及战略机会点和关键任务的落实情况分析。尤其重要的是，企业要重视对机会差距的复盘。

　　成功案例复盘或最佳实践复盘也同样重要。在传统复盘过程中，企业常常只关注缺点，即只会针对一些出现的问题和重要的差距进行复盘，而容易忽视成功的原因。然而，企业需要通过复盘，使成功的偶然因素转变为必然因素。

　　在对财务指标进行复盘时，要避免只盯着财务数字，还需要对财务结果进行根因分析。在传统的财务复盘方式中，财务部门承担主要的复盘工作。因为财务部门对业务本身不熟悉，所以它只能在财务专业范围内对财务数据进行分析，这样做并不一定能够发现造成财务结果的主要原因。

　　我们以某个企业的复盘为例。当该企业出现了严重的利润下滑时，从财务层面可以看到利润严重下滑是由两个原因造成的，即销售回款速度缓慢和新产品销售增长乏力。从财务的角度来看，是上述两个原因造成了利润的严重下滑。若采用平衡计分法，对利润下降的原因还可以继续进行分析，比如客户对新产品不满意，导致客户迟迟不对新产品进行验收，造成企业回款速度缓慢。由于客户不满意，企业新产品的市场占有率也不能得到很好的提升，进而使企业的财务指标增长乏力。此时，企业还要对造成客户不满意的原因进行分析。通过分析，企业可能会发现是新产品的竞争力不强，而造成新产品竞争力不强的原因常在于以下几点。

　　（1）企业对市场和客户的需求把握不准。市场部在日常和客户紧密接触的过程中，重点盯着订单，而对客户需求不够重视，没有充分收集和理解客户需求，导致开发部门在新产品的开发过程中对客户需求把握不准，新产品存在很多不足。

（2）新产品开发能力不强。企业安排一些新人负责新产品的开发，缺少关键核心人才和专家。新人的开发能力不足，也造成了新产品竞争力不强。

（3）企业的研发部门和市场部门之间协同效率很低，出了问题互相抱怨，而且企业对新产品销售的激励机制也不完善。市场部门认为研发部门开发出来的新产品没有亮点，质量问题层出不穷，客户关系遭到破坏，所以客户不愿意接受新产品；而研发部门则认为其按市场部门的需求开发产品，市场部门却又不承诺销售目标。这样的协同效率导致了新产品拓展不利的局面。

（4）企业的市场策划与拓展能力不足。一般新产品上市时都会存在一些问题。因此，一般企业在发布新产品时，会首先在一些友好的、对产品问题有一定容忍度的客户中进行发布，收集客户对新产品的意见，进而改进。但是，一些企业在推出新产品时，直接选择了在全国范围内发布，导致新产品上市以后因出现各种问题而被退货。

通过上述案例分析可以看出，企业的财务利润下滑，在客户关系、内部运营和内部管理能力方面都存在深层次的原因。种种原因的耦合，造成了表面上的财务指标没有达到原来的战略要求的情况。

因此企业在进行复盘的时候，要用平衡计分法进行根因的分析。有了根因，企业才知道在新一年的营销战略和经营计划制订中，如何改进上一年度的问题。对于复盘环节而言，对财务的复盘固然重要，但最重要的还是对机会的复盘。从客户维度来讲，企业在复盘的时候，要根据客户类型、客户贡献的利润来对客户进行排序，从中发现现阶段的价值客户、未来的价值客户、有培养潜力的客户和需要舍弃的客户（客户细分矩阵如图 4-2 所示），进而针对不同的客户实施不同的营销拓展策略。

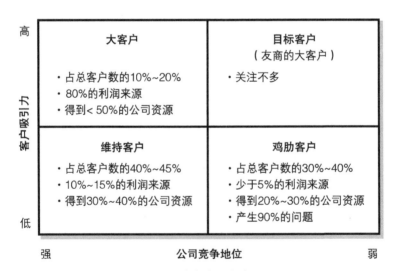

图 4-2 客户复盘和客户细分

除了从客户维度，企业还要从产品维度来看产品在市场上的销售和进展情况。企业可以用波士顿矩阵法对产品的市场占有率情况、市场状态进行描述。波士顿矩阵法依据相对市场占有率和销售增长率，将产品划分在"明星"、"金牛"、"问题"和"瘦狗"四个象限，进而反映产品是否抓住了市场机会，是否建立了市场地位。对处于"明星"象限的产品，企业要进行重点投入和拓展。同时，企业要把处于"问题"和"金牛"这两个象限的产品，逐渐向"明星"象限迁移。企业要对一些落入了"瘦狗"象限的产品进行重点分析和研究，推动公司总部对这些产品做出有序的结构性调整，以拉动公司的产品规划，营销体系要起到推拉的作用。

在复盘的最后阶段，企业应该从总体的财务层面、客户层面、内部运营层面以及学习成长层面，归纳出企业营销中最核心的问题，以便在制定新营销战略的时候作为一些关键任务和重点改进措施的重要输入。

4.3 市场洞察——宏观分析

企业战略决定了企业的发展方向，除了明确企业短、中、长期的战略目标外，企业还要对下属的各职能部门和组织有比较明确的要求和约束条件，如利润率红线、效率基线以及质量要求等。同时，企业战略还包括了企业整体的战略思路，明确企业的战略机会点以及企业层面的关键任务。营销战略要承接公司战略中的短、中、长期目标，特别是来源于客户的市场目标，包括收入、利润、回款目标等。因此，要做好营销战略的制定工作，首先要对企业战略有深刻的理解。营销战略必须坚定地承接企业的战略要求，坚定地执行和努力完成公司的市场目标。这是企业战略对营销战略的自上而下的指引。

同时，企业也要实现自下而上的战略规划过程。营销战略部门直接面向市场、客户、竞争对手，相当于是公司在一线最敏感的一个职能部门。因此，营销部门除了坚定地执行公司的战略目标和要求之外，还需要针对实际的市场情况对公司的战略目标进行验证，对完成公司战略目标需要的资源类型进行申请，通过自上而下和自下而上的战略规划过程形成良性的博弈，进而基于所要完成的目标，对需要的资源进行规划。若无法达到资源的合理规划，企业要对战略目标进行适当调整，从而达成共识，形成上下一致的局面。

战略共识和上下同欲是企业战略制定中一个非常重要的前提。基于此前提，企业要在公司愿景和目标的基础上对营销的目标和愿景进行解析。例如，一个企业的愿景是成为相关行业在全球范围内领先的供应商。为了实现这一目标，企业需要在每 3 年或 5 年的营销战略和目标中制定逐渐逼近这样的总目标的阶段性目标。

企业要成为全球的领先供应商，还有一类关键指标，即海外市场的销售占比、发达市场和发展中市场的销售额以及市场地位变化的情况。这些指标关乎企业年度销售的短期指标，还关乎企业未来在发达市场的布局和价值客户的布局。

营销愿景和战略目标是对公司愿景和战略目标的分解。企业在形成了总的战略意图后，需要对市场进行洞察，包括宏观市场分析、微观市场分析以及对具体客户的分析。企业对宏观市场的分析主要依托于 PESTEL 工具。PESTEL 是国家政治因素（Political）、经济因素（Economic）、社会文化因素（Sociocultural）、技术因素（Technological）、环境因素（Environmental）和法律因素（Legal）的英文首字母的组合。PESTEL 从这六个维度对一个宏观市场环境进行深刻的分析和认识。

企业在宏观分析环节要避免分析结果过虚的情况。如果不同的事业部、不同的产品线，其宏观分析都一样，那么说明宏观分析没有发挥其真正的作用。同样的市场环境可能对不同的事业部和产品线有不同的影响。因此，企业要将在同样的宏观环境下各事业部和产品线受到的不同影响分析清楚。

针对海外市场，企业要利用 PESTEL 模型，对所要进入的国家或地区的市场情况进行详细的分析与考察。例如在政治因素方面，包括国家政府的稳定性、国家对相关产业的反垄断法规、环境保护法规、扶持政策、劳工法规等；在经济因素方面，包括经济增长率、汇率、失业率、劳动力成本、所在国的相关行业的劳动力资源、股市、自然条件等；在社会文化因素方面，包括人口贫困程度、人口增长率、教育程度、所在国对产业发展和产品质量的态度、节能环保及可持续发展策略等；在技术因素方面，就是研究该国当前有哪些颠覆性的技术，该国对技术创新的激励和知识产权的保护政策，国家对外来新兴技术的态度等，如不同国家对引入 5G 技术的不同态度；在环境因素方面，包括当地的气候情况、灾害情况、废物处理情况、地理位置等；在法律因素方面，包括所在国的税务、劳动保护法规等。例如巴西和印度，其本身有很多扶持本地企业发展的法律法规，外国企业进入这些国家则会面临不同的政策。

企业要从 PESTEL 的六个维度出发，针对产品情况和市场情况，深入地了解宏观情况，利用宏观政策中那些好的方面，同时规避政策中那些有风险的方面。

在宏观环境分析的指导下，企业还要清晰地了解整个行业价值链上的一些主要玩家的情况，包括典型的客户类型，主流供应商类型、其战略意图和优劣势，行业跨界者对行业的颠覆能力、其战略意图及优劣势等。同时，企业还要关注一些新晋客户，随着互联网平台技术的发展，以往没有出现在企业客户名单上的中小型客户可能成为未来的重要客户。企业要对这些客户的认知方式、行业地位进行了解，将其转变为自己的客户。对行业主要玩家的认识过程，也是发现新的合作者、竞争者的过程，这种过程为企业制定合作策略和竞争策略奠定了基础。除此之外，在市场洞察——特别是在宏观市场分析过程中，企业还需要对技术发展等一些趋势性的内容进行分析。

4.4 市场洞察——市场细分和客户洞察

企业完成市场的宏观分析之后，需要对市场进行细分，以找到最适合企业发展的目标市场和目标客户。市场细分有很多种方法，"to B"业务和"to C"业务的市场细分方法差异较大。"to B"指的是商业客户；"to C"指的是终端消费者。"to C"市场可以以年龄、文化、职业、收入、性别、受教育程度、所属国家等维度来进行细分。华为重点将"to B"的商业客户按照行业属性、地域属性及规模大小进行细分。

华为通过SPAN[1]分析法对市场进行了细分，以选择最适合本企

---

[1] SPAN 即 Strategic Positioning Analysis，意为战略定位分析。

业的目标市场。SPAN 分析法从两个维度对市场进行分析：一个维度是市场的吸引力，另一个维度是企业的竞争力。市场的吸引力包括了市场的空间、未来的发展潜力、市场的盈利能力、市场上客户的采购方式、采购流程、客户的信誉等综合因素，通过综合分析上述因素可以评估市场的吸引力。企业的竞争力包括产品功能 / 性能 / 质量市场覆盖范围、竞争强度、产品价格、企业专业能力（如咨询、服务）、差异化优势、核心卖点及企业品牌等因素，另外，企业与客户的关系、企业销售人员的素质水平和能力等也很重要。企业需要从多个方面来分析企业的综合竞争力，以找到目标市场。

通过 SPAN 分析法，企业可以对细分的目标市场进行定性与定量相结合的评估。例如市场吸引力、市场空间、市场增长率是定量指标，而市场战略价值则是定性指标。定性与定量评估同样适用于对企业竞争力的评估，例如产品特性是定量指标，而竞争强度、客户关系质量则为定性指标。通过评估，企业可以选择市场吸引力和企业竞争力强的市场作为首选目标市场。

企业选择好市场后，需要更进一步细分市场中的客户。此过程分为六大环节：客户细分、客户行为分析、客户价值主张、客户的痛点需求、客户对供应商的满意度以及客户通过社交媒体等方式对供应商的评价，相关环节流程详见图 4-3。

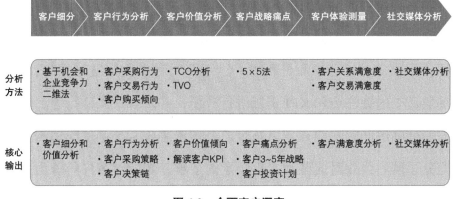

图 4-3 全面客户洞察

企业也可以采用 SPAN 分析法来对客户进行初步细分，而对客户的行为分析是客户细分的重点。客户的行为分为几大方面，如客户的采购方式、交易模式、购买倾向及采购策略，例如要分析客户购买产品时倾向于保守还是愿意购买最新技术，以及客户的购买策略是否会发生变化。同时企业要注意客户在决策链上的决策者偏好和行为，即决策模式。

华为之所以能够进入欧洲发达市场，其关键原因便在于行业内的技术发生了更新换代，同时欧洲客户的购买倾向发生了改变。互联网泡沫之后，这些欧洲客户的投资不足，采购策略发生了变化，他们开始考虑选择一个来自中国的价格相对低、质量又还不错的供应商。

价值取向分析也是客户分析的重点。不同的价值取向决定了客户的不同需求，例如有的客户希望供应商提供增值的创新产品，有的客户希望供应商为其降低运营成本。同时，企业除了对客户公司的价值取向进行理解和分析之外，还要对客户决策链上的高、中、基层员工的关注点和 KPI 指标进行分析，并对客户采购行为、客户公司面临的问题和痛点，以及客户公司未来 3～5 年的规划等进行充分了解。企业对这些因素有一定的了解，才能对客户具备全面的认识。相关层级关系详见图 4-4。

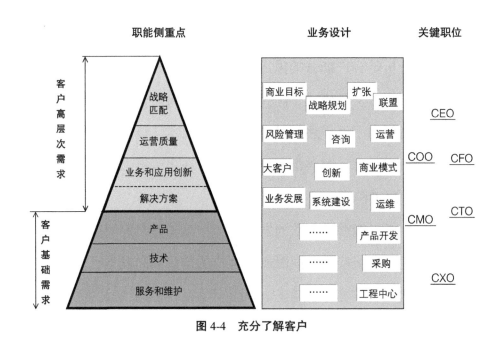

图 4-4 充分了解客户

有很多企业在客户洞察方面存在问题，方法不够完善。例如，有些企业的大客户经理甚至不明白大客户选用自己企业产品的认证标准是什么，同时也不清楚每年大客户对自己企业的满意度评价排名情况。这些企业即使有着不错的产品，但由于其缺乏客户洞察的敏感性，企业的发展也仍然不顺利。

客户洞察是决定企业能否长期与客户进行合作的关键因素。因此企业在进行市场细分的时候，除了要选择适合自己能力的"门当户对"的市场，还要对细分市场的客户做更进一步的洞察。只有这样，企业才能形成自己的客户拓展策略。

4.5 市场洞察——客户关系管理

客户关系是客户洞察的关键目标之一，也是企业最终发现和赢得市场机会的一个重要基础。客户关系包括三个层面，分别为与高层客户的关系、与中间层客户的关系和与基层客户的关系。

高层客户起决定性作用，因此企业要小心处理与高层客户的关系。企业要充分了解高层客户之间的分工及权力结构，并且不可忽视一些看起来不太重要的领导，因为即使落魄的领导，其态度也可能起关键作用。

但是，企业只倚重高层客户关系也是很危险的，因为中、基层客户可能会上升到高层。若是企业在中、基层客户还不是高层的时候对其不重视，自然也不会收获到好的客户关系。

企业要与客户建立起好的客户关系，就要重视三大关键要点，制订两大行动计划。三大关键要点为：深刻理解客户的发展战略、解读好不同层次客户的关注重点以及 KPI 要求、识别客户的真实需求和客户遇到的痛点。两大行动计划就是制订好客户关系的发展计划，以及客户关系网的拓展计划。

1. 深刻理解客户的发展战略

企业要充分理解客户所处的生存环境，了解客户的财务状况、市场地位以及跟其他竞争对手的竞争情况。在特定的行业发展环境下，企业要了解客户的未来投资方向、投资重点及准备采取的行动。

当市场环境变化时，客户的价值需求、总体采购倾向、选取供应商的准则都会发生变化。例如，一个对成本和价格特别敏感的客户会非常关注价格，企业提供的产品质量和功能只要满足其基本要求，这个客户会希望价格越便宜越好。因此，企业要了解客户的需求变化、客户选择供应商标准的变化及影响到客户决策的重大技术变革等。

一些在行业处于领先地位的客户则更关注技术的领先性。这种客户更倾向于用先进的技术来维持其在行业内的领先地位。此时这些客户对产品的质量和价格并不敏感，反而对产品的品牌和技术很看重。因为一般而言，好的品牌意味着强大的研发实力与源源不断的后劲，这样的供应商是值得信任的。

对于一些处于行业内中间地位的客户，其关注点介于价格敏感和产品领先之间。这种客户对价格没有那些以成本领先为主的客户敏感，而是希望产品具有足够广的应用范围，能根据客户的要求进行量身定做，他们会要求定制一些个性化的解决方案，从而与客户建立长期的合作关系。这类客户被华为称为"客户亲密型客户"。因此，企业要跟此类客户一起长期合作，制定定制化的解决方案和服务。

2. 解读不同层次客户的关注重点以及 KPI 要求

针对不同的客户，企业要有差异化的竞争策略，这样才能在整个组织上与客户的战略相契合。企业对客户的战略进行深入理解之后，就要对客户的一些要求以及客户的一些 KPI 指标进行充分解读。

一般来讲，高层客户会看重商业目标的满足情况、战略目标的实现情况、风险管控的情况及咨询规划能力；而中、基层的客户更看重当前的业绩及对自己上升的帮助大小。具体而言，中、基层客户关注产品、技术等方面能否实现部门的组织利益，使个人在技术上或职位上能得到提升。因此，企业要解读好客户决策链上的不同人员的组织需求和个人需求，满足不同层次客户的需求。企业要帮助客户实现个人 KPI 指标的落实，帮助客户搭建上升的通道。企业还可以利用上层的客户关系来帮助满足中、基层客户的一些需求。

3. 识别客户的真实需求和客户遇到的痛点

企业要对客户的一些潜在需求，特别是对客户所面临的财务、组织管理、产品、服务、竞争等方面的一些痛点和挑战加以解决和处理，从而发现市场机会。因此，华为建立了相对完整的客户档案，其内容除了一些基本的公司历史、年报和发展情况，还包括客户所在市场的独特性、未来发展方向、发展目标、市场地位、规模、竞争能力、财务状况、与同行的竞争情况、供应商策略、产品策略、技术策略、决策链中主要领导的经历、能力诉求以及对企业的态度等。通过综合分析，华为对客户做到了较为深入的了解，而且能够从客户的发展计划中找到一些重要的机会点。

4.6 市场洞察——竞争分析和总结

企业在建立了客户档案，特别是辅助以 CRM 系统对客户信息进行不断积累之后，对客户的理解和把握能力将会越来越强。此时，企业的营销战略制定工作将进入下一个阶段，即竞争分析和总结阶段。

在一个新的行业或一个新的市场区域，一般会存在两种典型的竞争状态。一种状态是市场已经有一定程度的市场竞争集中度，排名前三名的企业可能占了市场份额的 50% 以上；另一种状态便是"群雄割据"，在这种状态下，市场集中度不高，未形成垄断，排名在前的企业的市场份额和排在后面的企业的市场份额差别不大，大家都有机会成为市场领先者，但也都有可能被市场淘汰。

从上述两类市场中选择哪类市场作为企业的目标，是一次对企业的市场判断、竞争判断和自我能力判断的考验。第一类市场已经形成垄断局面，此市场中排名前三的企业已经把持了市场的绝大多数份额。这类市场的进入门槛比较高，企业要进入的话，自己必须有一些特殊优势。第二类市场是经典的市场竞争理论中常见的市场类型，这种市场的集中程度不高，还没有形成垄断，对所有竞争者而言门槛都不高，很容易进入。但第二类市场没有被证明可以培育出大企业，因此也存在着极大的风险，极易导致进入此市场的企业失败。

像风电、光电、锂电池等所谓的风口项目，一般属于第二类市场——上一年市场份额排前三名的企业和这一年的市场份额排前三名的企业几乎完全不一样，一些看似要成为领头羊的企业可能很快就破产了。因此，进入第二类市场时要特别小心。

很多企业的战略思想是"敢为天下先"，即迫切希望成为市场领先者，OPPO/vivo 的战略是"敢为天下后"，选择进入当时已经竞争白热化的市场，基于在终端消费者行业已经拥有的经验和基础，依靠独特的、具有竞争力的渠道政策和渠道发展方式，利用后发优势，获取竞争优势。

企业在市场竞争中首先要确定竞争策略，而任何竞争策略的选择都要基于企业自身的能力和基因。在明确竞争策略后，企业要对主要竞争对手进行分类。

华为将竞争对手分为两类，一类是学习标杆，此类竞争对手以学习为主、竞争为辅；另一类是打击对象，此类对手恰好相反，以竞争为主、学习为辅。与为客户建立档案的原理相同，企业要从竞争对手的公司战略、财务情况、生态系统与合作伙伴、营销模式、产品战略与竞争力、组织、客户类型与结构、未来方向、薄弱环节等九个维度对整个行业的竞争对手进行扫描，构建竞争沙盘。针对不同类别的竞争对手，华为会从这九个维度中发现差异化优势并进行精准打击。

企业还要警惕新的竞争对手，这些新兴的竞争者常常是一些跨界的对手。例如，华为进入汽车行业后，可能会对汽车行业的某些领域产生颠覆性影响。企业要对这些新的市场进入者进行分析，分析其角色、战略、优劣势，以判断对其采取竞争还是合作的策略。

在完成行业分析、客户分析和竞争分析后，企业要对自己可在市场中占到多少空间进行预测。预测的方法有两种，一种是"自上而下"，一种是"自下而上"。"自上而下"的分析方法意味着企业要对行业的整个市场空间有一个清楚的认识。企业要通过产品的适配性以及拓展区域的适配性，找到企业可以参与的市场空间。这种方法的好处是通过宏观的市场空间分析，逐渐细化企业的可参与空间，消除企业的盲区。

很多企业习惯于采取"自下而上"的分析方法，即通过细分不同的行业、不同的客户，自下而上地统计市场规模和企业的可参与空间。这种分析方法的好处是可以保证企业战略的落地。但是此分析方法主要是让企业在自己能接触到的区域和客户中发现机会，也可能存在一定的盲区。因此，企业要综合"自上而下"和"自下而上"两种分析方法，对市场进行准确的预测。

市场洞察的目的就是要发现和深刻理解客户的战略，与客户的战略进行匹配，识别和把握企业的市场机会。为了了解市场，企业需要一些内外的信息渠道。外部信息渠道包括第三方的咨询、行业协会、行业的刊物、客户的年报、分析师大会、投资大会等，内部信息渠道就需要建立专门的市场洞察组织，长期对市场信息进行总结和分析。同时，企业要将市场信息分析和收集的职责落实到一线，建立起有效的内外部信息渠道。

通过市场洞察，企业对客户最高层的商业战略和投资规划、中层的实施计划和系统要求，以及基层的维护和运营策略有了清楚的了解，然后可以将其与本企业的战略进行匹配。在匹配并发现真实的机会后，企业就可以通过后续的作战沙盘，将这些机会变成真正的营销目标。

第五章

营销打法与计划执行

5.1 创新焦点——营销体系对创新的责任和贡献

制定营销战略的第一步是战略分析，它又包括三个模块——营销战略意图的确定、市场洞察和创新焦点。

市场洞察是营销部门的核心工作之一，需要对企业所处的产业环境和价值链的变化进行深入的分析。它不但影响营销部门的目标制定和最终绩效，而且还是整个企业制定战略的基础。

市场洞察同样也是创新的基础。不同规模的企业，其负责创新的责任主体是不同的。对于一些大型的企业而言，其"营"的能力比较强，这类企业的市场营销部除了负责产品的上市和品牌营销推广外，还会负责产品的规划。但对于大多数国内企业，特别是一些中小型企业而言，营销体系一般是偏向于"销"。这类企业通常"营"的能力不足，因此，通常是由产品研发部门负责创新，甚至需要站在整个公司的角度进行创新焦点的思考。

作为企业中的重要角色，营销部门不应该只起到向外推销的作用，还应该起到推动和牵引公司产品创新的重要作用。营销部门直接面向客户、面向竞争，因此不但需要在客户层面充分展示自己的竞争力，同时需要源源不断地反馈客户需求、竞争等信息，推动公司构建中长期核心竞争力和创新能力。

在通过市场营销部门推动公司的创新能力提升、构建企业的核心竞争力方面，企业可以借鉴《蓝海战略》中的竞争理论。《蓝海战略》的核心观点是：企业要充分掌握客户选择供应商时的关键决定因素，对比自己与竞争对手的差异，从而调整战略。不同行业中的不同客户，在选择供应商时差别很大。一般而言，客户在选择供应商的时候，会从供应商的品牌、产品、企业的信誉度、创新能力、客户关系、市场覆盖率和融资能力等方面进行评估。

营销部门在创新方面起着两个关键作用。

一个是要在自己的营销本职范围内，在营销方式、商业模式、客户关系等方面进行创新。例如，传统的线下营销能否改为线上线下融合营销，大客户的直销模式能否改为合作伙伴的商业模式，需不需要通过融资和咨询服务等方式进行销售，能否在更高层的资本层面来提升客户关系等。

另一个是还要拉动公司的产品进行创新，构建产品竞争力。营销部门最主要的工作是充分收集和理解客户对产品的需求线索。企业要摆脱传统的过分强调产品性能、功能和价格的营销思维，要充分理解客户还有很多其他需求，包括产品质量、交货周期、生命周期管理水平、安装操作的难易度甚至外观材质等。企业要充分根据客户的需求来审视自己的创新水平。

对于一线销售人员而言，以 $APPEALS 模型为参考（详见前文的表 1-1），可以全面了解客户需求，不断提升营销能力。如可获得性需求，可获得性即客户最容易获得产品的途径是什么、交货期是多长等，这些可获得性因素对于客户而言极其重要。了解了这些因素，一线人员就可以有针对性地建设营销和供应商网点，发展合作伙伴，及时满足客户需求。

一线人员还要掌握这些需求之间的转换关系，如常常遇到的价格战，企业在竞争中不能只看重价格，还要注重产品在整个生命周期的成本。特别是在细分领域相对领先的企业，要充分考虑和利用产品在整个生命周期的成本优势，避免遭受竞争对手的价格战攻击。

下面我们以一家虽自身规模不大但是在细分市场中处于领先地位的企业为例。该企业的竞争对手常以三分之二甚至一半的价格来攻击这家企业，为此该企业感到非常困扰。然而，该企业没有注意到，它的产品使用寿命是三年，而竞争对手的产品使用寿命是一年。该企业应该向客户充分展示产品在整个生命周期的成本优势，以整个产品生命周期的成本优势来应对竞争者的价格战。

企业要充分地理解 $APPEALS 模型的 8 个维度，从这些维度定义客户的需求，同时将其作为和对手竞争的关键点。

企业还要根据客户的需求，管理好客户的期望值。客户永远都希望企业什么都做到最好，然而这是不可能实现的。有时候企业在关键的需求部分超过客户的期望值一点点，对客户来讲可能就是非常重要的。而对一些不太重要的特性，企业只要比竞争对手好一点，或者甚至跟竞争对手差不多，客户也是可以容忍的。所以企业的一线销售人员不能只局限于推销产品，而是要理解客户需求，推动研发部门有针对性地做出产品的竞争力。

创新的目的在于形成差异化的竞争优势，规避一些重大的风险。企业要在理解客户要求的基础上，对竞争对手做到知己知彼。企业的优势、对手的劣势和客户的需求，这三者的交集才是企业的关键竞争领域。对于那些客户有需求的但又是我弱敌强的细分产品领域，企业要淡化自身的劣势，或者尽量弥补自身的弱势，借助自身的营销体系、产品体系，对自身的软肋进行弥补，提高自身的竞争能力，相关分析详见图 5-1。这便是创新焦点工作的重要输出成果。充分利用企业的利器，规避企业的软肋，是制定营销拓展策略的关键。

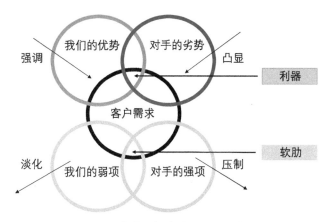

图 5-1 形成差异化优势，规避重大风险

5.2 业务设计、客户总体拓展策略

企业完成战略分析之后，就进入了制定营销战略的第二个关键步骤——战略决策。战略决策就是通过业务设计，明确营销战略中的关键任务。战略分析的市场洞察部分是一个向外看的过程，从而可以发现外部的机会和风险。而创新焦点部分则是向内看的过程，以发现企业自己的优势和劣势。明确了机会和风险、优势和劣势之后，企业就可以用一个经典的工具——SWOT 分析，来进行自身营销体系的业务设计。业务设计就是选择客户、选择机会、选择策略。

笔者在之前出版的书籍《华为智慧》中详细论述了其他的业务

设计工具与方法。然而对于绝大多数企业的营销体系来说，只要用好 SWOT 分析即可。SWOT 分析的关键在于，企业不能简单地罗列优势和劣势、机会和风险，而需要探究如何利用自身的优势抓住机会、防范风险，最后弥补劣势。其中，最艰难的部分是企业如何在自身处于劣势的情况下抓住机会、防范风险。

下面我们以华为在 1998 年突破欧洲发达市场为例。

当时英国电信是华为突破欧洲市场的第一个"桥头堡"。华为在发达市场存在着明显的劣势：华为的政商关系很弱、品牌知名度不高、品牌美誉度更无从谈起。与此同时，华为在进入发达市场的时候遇到了很棘手的信息安全问题，发达市场的军方、安全部门、国会有很多反对的声音来阻止华为的进入。而对发达市场的质量标准，华为的产品又常常是不能满足的。为了满足客户需求、说服客户，以防范各类风险，华为采取了如下方法。

第一，针对英国政府对华为产品的安全性有质疑，而且政商关系也不好的问题，华为把原先对华为进行安全认证的英国方面人员招聘为华为在英国本地机构的员工，作为华为的安全官，由该安全官说服英国政府和相关客户接受华为的产品。

第二，华为把客户有质疑的产品的源代码放在了英国的第三方独立测试实验室，无论是英国政府还是客户有任何疑问，他们都可以到第三方独立测试实验室查看华为的源代码。这样的做法消除了很多反对声音和质疑。

第三，对于客户关于产品质量的担忧，华为在英国当地成立了研发和交付部门，与客户建立了联合创新中心。华为通过这种方式大大降低了客户的担忧，提升了公司的品牌形象，提升了政商关系，提升了产品的质量。

对于大量中小型企业而言，SWOT 分析是非常经典而又有效的方法。企业在进行 SWOT 分析之后就可以给出关键营销策略、业务模式，并形成许多关键的决策。

在诸多关键举措中，客户拓展策略需要被重点关注。在之前的市场洞察部分，客户可以应用 SPAN 模型进行分类，分为现有的高价值客户和未来要重点突破的目标客户，以及维持客户和鸡肋客户。针对不同的客户类别，企业的营销拓展策略就要相应调整。例如对于高价值客户，企业需要建立专门的大客户管理流程，企业的高层领导和专家以及研发部门要重点投入，以优先满足高价值客户的需求。对于潜在的目标大客户——特别是这些大客户一般都是竞争对手的大客户，企业要选择重点客户，对其需求加以重点满足，实现差异化。而对于维持类客户，企业的销售和营销力度无须很大，对于客户的产品需求，企业可以选择一些具有普遍意义的需求进行满足，可以用远程直销及混合营销的方式来降低营销成本。而对于鸡肋客户，此类客户的需求完全跟随其他客户一起满足，企业可以采用相对间接的销售方式或合作伙伴的方式来为其服务。必要时，企业甚至可以舍去此类客户。这样便形成了企业的整体客户拓展策略，相关矩阵分析详见图 5-2。

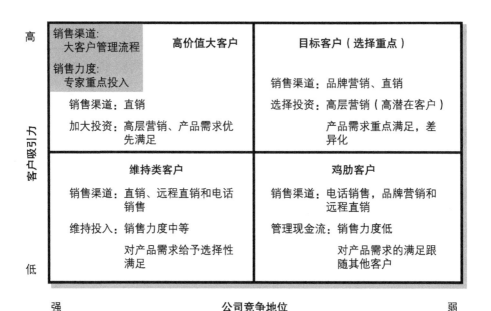

图 5-2 客户拓展的总体策略

企业在客户拓展策略中，要重点强调客户关系和客户关系网的开发计划。客户关系的开发计划，其目的在于建立组织型的客户关系，跟客户的高层、中层和基层都建立联系。有策略、有计划地使反对企业的客户变成中立的客户，使中立的客户变成支持企业的客户，使原来支持企业的客户变成企业内部的教练。

　　企业在建立客户关系的时候，要针对不同的客户类型采取不同的方式。对于高层客户，除了要定期互访外，企业最好设计一些例行的战略峰会。仪式感是非常重要的，有了这样正式的峰会，企业与客户就可以一起交流双方的战略和对市场的认识等。对于中层客户，企业可以寻求建立一些联合项目，对于一些有潜力的定制化产品和解决方案，企业最好能与客户建立联合创新中心共同研发。对于基层的客户关系，除了传统的培训、团建活动等营销方式以外，企业还要利用新型的网络社区方式、线上线下融合的方式来拉近与基层客户的关系。

　　以小米为例。小米通过它的线上米粉社区大大地拉近了与客户的关系，而且通过社区还能发现很多客户的需求，提前发现产品的问题。华为也在这方面进行了很多尝试，如华为的线上花粉社区。对一些运营商 BG 和企业网 BG 的商业客户，华为都有一些线上社区，而且这些社区对成员有一些特殊的奖励。如果用户在社区中的建议被采纳，且他的建议确实对企业提升竞争力有帮助，那么他会收到特殊的奖励。这种方式大大地拉近了基层客户跟企业的关系。

　　除了这样直接的客户关系，企业还要针对客户的决策层的关系网进行拓展。针对一些难点客户，企业需要事先调查谁对决策层有具体的影响力，其中可能包括原来已经退休的高管，一些政府机构或者是管理机构，还可能包括一些战略咨询顾问、投资银行甚至亲属等，然后制定清晰的客户关系网拓展计划。

除此之外，企业还要针对客户对于供应商的评价标准进行战略调整。一般而言，客户会评估供应商的团队、解决方案、产品、工作能力、创新能力、交付能力、财务健康情况以及战略合作伙伴等，通过多个维度对供应商进行评估。所以企业要针对评分不高的维度进行策略的调整，采取相关改进措施，在总体营销策略的指导下，在客户关系和产品等各个方面采取一些有针对性的关键行动和措施。

5.3 战略决策、排兵布阵、闭环管理

5.3.1 战略决策

战略决策分为识别和选择战略机会点、研究如何代替竞争对手、研究企业自身的营销战略和新业务、新区域（如海外市场）等的拓展方向和目标等部分。

第一部分是识别和选择战略机会点。战略机会点是指从一般客户向价值客户迁移的过程中出现的机会点。与市场洞察不同，企业要明确地标注出具体的突破目标和具体能够拿到多少市场空间、大客户的类型以及高价值行业的类型。

第二部分是研究如何代替竞争对手。现阶段中国企业在国际市场遇到了很多新的挑战，而在国内市场，中国企业普遍提出要进行国产化替代。要替代竞争对手，企业就要明确具体的竞争对手类型、市场类型、要替代的产品类型及数量，从而可以明确战略机会点和具体的销售目标。

第三部分是企业要明确自身的新业务和新产品方向，从而确定战略要求和销售目标。

第四部分是研究新的区域市场，如海外市场。在现在的全球化竞争形势下，企业要对海外市场的战略价值和战略定位有清晰的认识。

选择了目标客户关系和战略机会点，企业在下一步的市场营销工作中，要制订清晰的产品上市策略和组合营销计划，要对这些活动进行全面的规划，把产品的上市融合到企业战略机会点的拓展上。

企业在总体拓展战略中需要重点关注三个主要方面，即客户关系、战略机会点以及与产品上市形成统一协同的营销策略。除此之外，企业可以通过 SWOT 这种简单的业务分析方法，把企业的扩展策略和关键任务定义清楚，从而顺利完成战略决策阶段。

5.3.2 排兵布阵

战略决策阶段结束后，下一阶段就是排兵布阵。随着规模的不断壮大，企业会面临一个问题——如何在有限资源下保证战略产品和战略市场的投入量。因此，企业可以通过安索夫矩阵，结合前面所述的 SPAN 分析和财务分析综合平衡，形成一个项目的机会点排序。排名在前的项目就是企业需要重点保障投资的，排名在后的项目就是企业需要观望甚至不进行投入的。企业采取上述分析，可以将资源聚焦到真正的战略产品和战略市场上，可以对整个销售预测所需要的资源进行一次合理分配。

企业在分配资源的时候要注意，资源的规划是需要一定的约束条件的。例如资源规划对于企业利润基线、人均销售费用以及人均销售增长等的要求。人均销售增长是企业营销体系核心竞争力的一个重要体现。销售人员的能力是会提升的，因此企业不能采用销售多少东西就投入多少人的人海战术。企业在做资源规划的时候，针对销售预测，应该以常见的人均效益增长和人均利润等参数作为约束条件。这样，企业通过战略分析、战略决策，还有排兵布阵，就完成了营销战略的制定。

5.3.3 闭环管理

营销战略的制定必须和年度的营销计划形成紧密的关系。因此华为一般是制定"1+2"模式的三年营销战略。"1"意味着企业要把第一年的营销工作规划好，将其作为下一年的年度营销计划的一个重要输入项。同时第一年的营销计划也成了营销战略落地的重要手段和实战方法。

为了实现闭环管理，企业战略的制定、执行和调整一般是按年度来进行的。企业应该每年对战略进行刷新，使得第一年的具体目标和任务直接成为下一年度营销计划的输入。营销计划在这个基础上再进行详细的分解，制订具体的行动计划，同样也要进行闭环管理。营销计划是按季度甚至是按月来进行管理的，因为它直接与企业销售预测所关联的预算和人力资源管理相关，年度的营销计划要求企业跟销售部门和一线人员直接签订业绩合同。

营销战略和营销计划的侧重点有所区别。营销战略主要是进行市场的战略洞察，确定战略机会点和实现这些战略的一些关键的里程碑，而年度的营销计划，就是要实实在在地把这些战略机会点变成年度内的订单，实现企业的销售目标。为了实现这些销售目标，企业要制定详细的行动计划和策略，将策略变成年度的经营指标，推动包括财务预算和人力资源预算在内的企业预算，把这些关键的年度指标变成销售团队的考核指标以及销售人员的个人PPC（个人绩效考核）指标。从而实现从三年战略到年度营销计划，再到个人PPC指标的闭环管理。

5.3.4 营销战略制定和执行的案例总结

下面我以华为进入英国电信为例，来总结整个营销战略制定和执行的过程。营销战略制定的第一步是战略分析，在战略分析中首先要明确战略意图。华为公司很早就确定了要成为全球前三的通信设备制造商的目标，因此必须进入欧洲、北美和日本这些占据了全球通信市场60%以上份额的发达市场。在充分理解了公司战略之后，华为在2005年便制定了一定要进入发达市场的总体目标。华为想要实现此目标，首先需要进行市场洞察。

市场洞察的目的在于确定选择哪一个市场。通过市场洞察，华为发现只有欧洲的标准是与华为当时的产品是契合的，即欧洲市场是华为需要选择进入的目标市场。

选择好目标市场后，企业要探究满足市场需求的、独特的创新焦点（优势）。华为在进入欧洲市场之前，已经进入了很多欧洲运营商在亚非拉市场建立的子网。因此欧洲的运营商知道华为产品的性价比高，优势比较明显。同时华为的研发能力和资源是非常充足的，可以满足这些战略大客户的定制化需求，能够利用专门的资源为客户服务以提升客户的竞争力。这是华为特殊的优势和创新焦点。

紧接着，华为进入了战略制定的第二步，进行战略决策。华为需要决定在欧洲市场中选择哪个国家的哪个运营商。华为比较了自身的有线产品和无线产品后，认为有线产品更加具有市场竞争力。为了攻破欧洲市场的第一个"桥头堡"，华为选择了以有线产品为主的营销策略。

基于此，华为选择了英国电信，因为英国电信是固定电话运营商。彼时英国的唯一电信设备厂商马可尼公司已经倒闭，因此华为在英国市场上没有当地竞争对手。收到英国电信发出的标书邀请，华为基本确定了选择英国电信和有线产品作为突破点。

此后，华为要明确一些关键的任务。要成为英国电信的供应商，必须通过2～3年的战略供应商认证，英国电信会对华为进行360度的考核。若是考核不通过，则成为不了英国电信的战略供应商。因此这个时候的关键任务有如下几项：第一，通过英国电信的战略供应商认证；第二，根据英国电信的标书要求，开发相关产品和解决方案；第三，实现产品的测试准入；第四，进入英国电信的采购长名单和短名单。

明确了关键任务之后，就需要进行排兵布阵。华为首先对销售目标进行了确认。因为在这三年的认证过程中，不能简单用收入和利润来考核营销团队。所以，确定任务目标后，华为制定了完成目标的资源分配方案和组织实现方法。针对细分目标，企业要制定清晰的考核方式，对于这个项目，不能再用传统的财务指标进行考核，而要按这些关键任务的重要里程碑形成 KPI 指标来进行考核。与此

同时，企业还要针对这种情况有一定的战略补贴。从战略到经营计
划，再到合理的考核目标制定协调一致，只有这样才能使企业的战
略落地，实现闭环管理。

5.4 营销计划的重点——销售管道管理和项目立项

营销计划重点强调的是对销售机会的管理，以及为了达成销售
目标所采取的一些实质性行动。对销售机会的管理，就是把项目做
成一个项目群，根据产品或解决方案的维度、行业的情况、客户类
型、项目规模大小等因素对项目进行分类，进而根据不同的分类拿
出不同的资源投入。所有项目经过分类之后，企业要对项目进行管
理，清晰地标注出项目所处的阶段，项目群管理如图 5-3 所示。

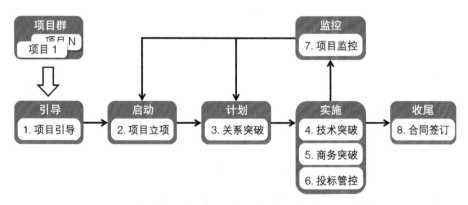

图 5-3 销售项目群管理和目标达成

一个项目从线索到最后的合同签订，企业要注重销售管道的分布，并对销售管道的分布进行管理。对于处于早期种子期、萌芽期以及最后开花结果等不同阶段的项目，其成功率是不一样的。企业要按照成功率以及项目所处的不同阶段，管理好销售管道里的机会。一般而言，销售管道就像一个喇叭口，早期的项目数量多，中期的项目成功率逐渐加大，直到最后实现销售。企业要避免出现"广种薄收"的情况——管道喇叭口的项目很多，而真正落实为订单的少，这说明企业的打单过程是有问题的；也不能出现"只收不种"的情况，即虽然企业的销售任务完成得不错，但是销售管道的早期和中期的项目比较少，这会对未来的销售造成负面影响。

对于企业而言，合理的项目群分布是非常重要的。如图 5-4 所示，在项目群的管理中，企业要注意对销售管道中的项目进行合理的分配。在对项目进行分类后，企业要对项目从机会到落实订单的中间环节的关键点进行汇总，使其转化为实现销售目标的一系列关键行动。第一步，企业要对管道中的项目进行合理的分配，加强项目群的管理；第二步，企业要对项目进行引导；第三步，对满足立项条件的项目进行立项。项目立项之后，企业要进行完整的项目管理。

企业在项目管理过程中，需要制订详细的计划，并且对这个计划严格地加以执行和监控。企业要重点关注客户关系的突破、技术

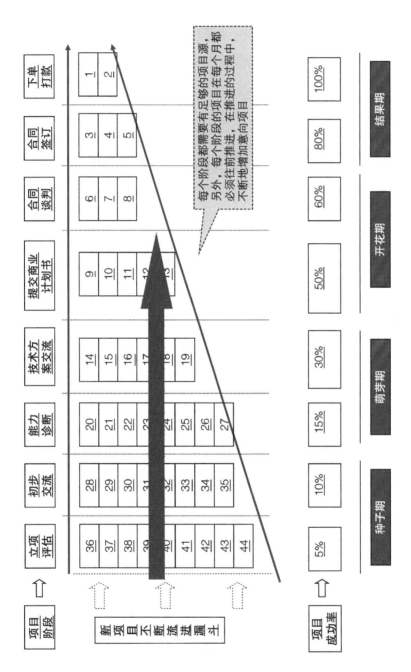

图 5-4 机会（项目群）管理

门槛的突破、商务的突破，并在关键投标过程中对投标进行管控。除上述在项目计划实施中非常重要的几项内容外，企业还要关注合同的签订，对合同进行管理，并做好交付和交接。

当发现种子期的项目时，"铁三角"的各个角色需要对项目进行持续的引导，使其能够从线索成为真正的销售机会。

项目引导工作首先由市场部门来负责。有些企业的规模较小，其销售和市场是同一个部门，市场部门要通过分析宏观环境、客户需求和自身的优缺点去发现机会，然后从产品的技术和竞争格局来分析和引导项目。

广义的交付经理角色包括服务经理、融资经理等。融资经理要从融资的角度，根据客户对资金的需求进行引导、分析并发现机会点。服务经理就要从客户的现有供应商、设备、产品存在的问题以及竞争对手的服务上的一些问题来发现和引导机会点。

客户经理则需要站在整体的角度来分析机会点。整体的角度包括当地的经济政策、客户决策层的领导风格、客户的人事变动情况以及竞争对手的策略。客户经理要从更广阔的总体角度来把握机会，对这些机会进行引导。对机会进行充分的引导，并且验证这些机会点是比较明确的之后，企业就要对项目进行立项。

在项目的验证过程中，企业要充分地分析和发现机会。

首先，企业要评估机会的准确性，包括项目的规模、客户的预算大小、资金是否到位等。掌握一些基本信息后，还要看客户的需求是否明确、企业自身的产品和解决方案是否和这些需求匹配等。

其次，企业要评估竞争对手。企业要清楚自身的竞争优势、企业自身与客户需求的差异大小、企业和竞争对手的差异大小、竞争的主要方面等。

最后，企业要评估盈利性，比如考虑假设在企业能够满足客户需求并能够在竞争中战胜对手的情况下，企业最后能够得到多少盈利，面对不同的商机和盈利机会，企业应该如何选择等问题。企业的整个客户评估过程实际上也是一个机会点的不断引导、发现、验证以及平衡风险的过程。当分析清楚机会和风险之后，如果企业认为能够从这个项目获得自身需要获得的结果，就要对这个项目开始正式立项，通过立项流程把项目非常好地监控起来。

5.5 营销计划的重点——三大突破、七大步骤

企业在完成项目立项之后，就要制订详细的项目突破计划，并且对这个计划加以实施和监控。在营销计划的实施中，企业要重点关注三大突破。

第一大突破是客户关系的突破。要实现客户关系的突破，首先

要在客户组织内部找到教练，绘制客户采购的组织图，了解客户成员的角色、立场、性格和他们的权限，并且要深刻理解客户决策团队成员之间的关系。这个关系包括业务关系和个人关系。例如，一般客户的 CEO 更关注项目是否满足其公司投资者的期望，也就是 ROE、ROI 等指标。对于一些创新型企业，CEO 还关注技术和产品的创新。CFO 会与 CEO 一起为 ROE 和 ROI 指标负责，而 CTO 则更加关注产品的创新。

企业要充分了解客户决策团队成员的不同诉求，这些诉求之间的相互关系，甚至是他们各自痛点的一些关联性，进而锁定关键人物，以及理解关键人物的价值取向，甚至是他个人的诉求。企业要建立一个关键客户信息库，即 CRM 系统（客户关系管理系统）。除此之外，企业还要建立一个潜在客户关系管理系统（PRM），"P"代表潜在客户。企业建立这些数据库的目的就是要不断积累客户关系的信息，实现客户关系的突破。

客户关系信息主要包括客户决策的关键流程和关键规则，即项目决策的流程和时间表，以及客户决策的一些特殊规则。除此之外，还包括关键客户及关键事件。企业要清楚客户决策的细节，如客户在选择供应商时，是不是需要到厂家去考核，确定入围厂家的时间是什么等。企业了解客户决策团队中各角色的细节后，才可以进行一些具体的项目运作。

企业要强调对客户关键需求和痛点的深刻理解，同时还要注意竞争对手的情况。企业要了解主要竞争对手和客户的合作历史、客户关系、客户对其产品的评价、对手的投标情况、未来想向客户推荐的重点产品和策略等。如果可能，企业最好可以拿到客户的标书和一些商务报价信息。

在与客户的沟通中，企业要记录一些关键的反常细节。比如，客户和企业的交流频率突然降低了；原先一些很急的需求，客户突然不提了。企业要记录这些异常情况，以便对项目进行正确的把握和决策。

第二大突破是技术的突破。在技术突破方面，有几项比较标准的评估规则。第一，企业要评估能否获得参与竞争的资格、能不能参与投标，客户是否愿意开始测试企业的产品。第二，企业的产品跟竞争对手比，有没有亮点或者卖点；与竞争对手的差异化优势有多大，领先一年还是两年。第三，企业是否拥有技术壁垒，以屏蔽最有威胁的对手。第四，企业是否可以参与制定规则。这意味着客户的招标文件中的一些技术条件直接采用了企业的产品标准。若企业可以在这四方面做到技术的突破，则会提高自己产品在客户心目中的地位，详见图5-5。

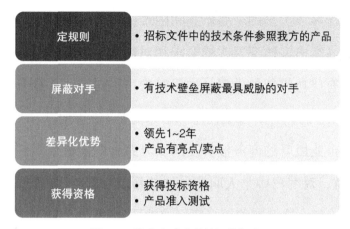

图 5-5　技术突破阶段的评估标准

第三大突破是商务突破，企业需要综合展示客户关系、产品和其他一些能力。华为在商务突破方面的方法可以总结为"四步十招三三制"。

首先是四个步骤——获得好感、建立信任、解决客户需求、满足客户利益诉求。

信任的建立分为两方面，一方面是建立个人之间的信任，另一方面是建立客户与企业之间的信任。个人之间的信任包括外表、态度、对技术和客户关系的把握能力。客户对企业的信任，包括双方高层之间的互访、对品牌和实力的认可、对产品优点的充分了解及成为进行产品验证的样板点。

建立信任之后，企业要对客户的需求进行深刻理解。企业要从一开始分析客户提出的一些不满和困难，慢慢过渡到了解客户的具体要求。当客户表达深层次的要求和对需求进行具体陈述时，便预示着项目有成功签单的希望。如果客户可以对产品、服务及价格等细节的需求进行阐述，那么便意味着采购基本完成了。

如果企业最后的商务报价及解决方案，既能够满足客户的利益（包括收益、对客户中个人职业发展的帮助等），又能够使自己获得销售盈利，那么这意味着项目已经成功了。

在商务突破过程中，企业要充分了解客户提出的一些交易模式。客户会有多种交易模式需求，如 BOT、交钥匙工程、知识产权共享等。因此企业在进行商务突破的时候，必须要做必要的准备和了解，针对客户的不同交易模式需求，要有一些对应的解决方案，详见图 5-6。

企业完成了三大突破之后，就要把突破的成果落实到投标前的准备与策划，以及项目的实施和监控中去。例如关系的突破，企业了解到了客户内部的一些深层次信息，甚至一些竞争对手的信息，进而可以利用技术的优势和商业模式的创新，制定清晰的投标策略和行动方案。在项目的实施过程中，企业要完成好技术创新，做好产品的概念测试，取得客户的信任，对在整个过程中发现的一些问题及时进行反馈且拿出好的解决方案，还要识别和发现项目中的风险，对风险进行有效的控制。

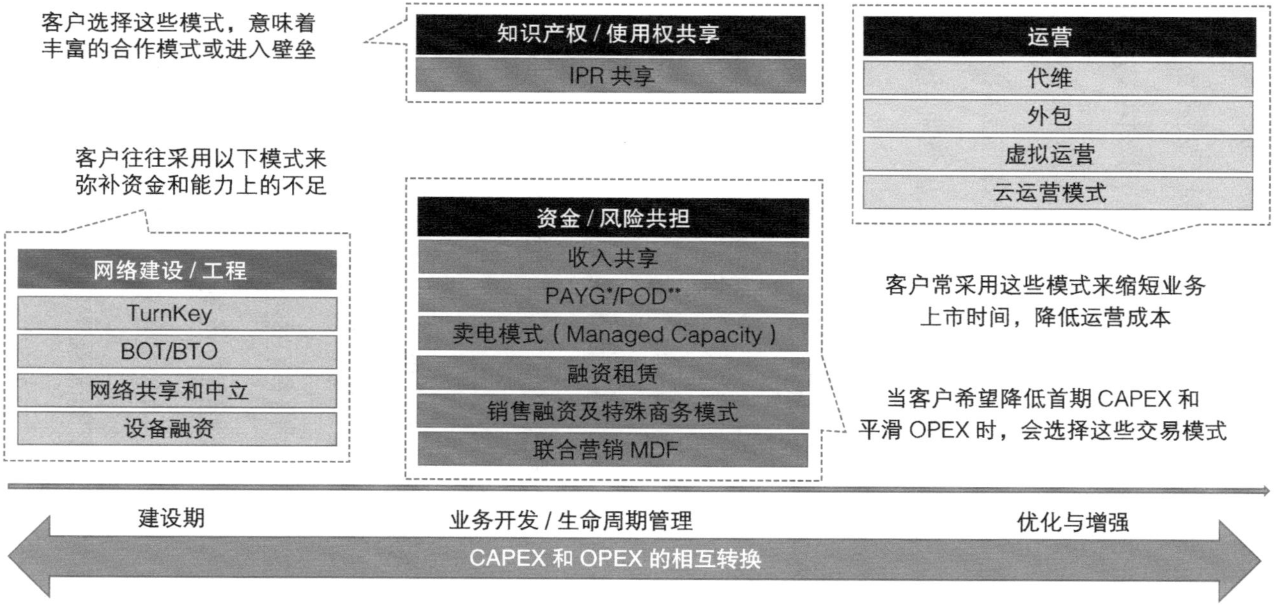

图 5-6　深刻理解解客户交易模式的内涵

*PAYG：Pay as you grow，意为按用户增加付费。
**POD：Pay on demand，意为按需付费。

紧接着，企业要通过谈判，实现合同的签订。谈判的筹码就是已掌握的信息和企业的实力。企业要不断地创新产品和方案，降低运营成本，实现客户的价值主张，并通过出色的谈判技巧，使同样的产品卖出更好的价格。企业在谈判中要注意利用品牌的力量、技术的力量、专业的力量、客户关系的力量、情报的力量、技巧的力量以及数字的力量。签订合同之后，企业要对整个项目进行总结，做好交接，以便下一步交付的顺利进行。

综上所述，一个项目的完整运作，关键在于落实客户关系、产品、商务和服务这四大方面的工作。企业要做好客户关系的管理，针对产品的标书拿出具有技术创新的解决方案，并且做好服务。企业把这四个方面综合起来，便可以很好地完成一个项目的运作，把项目机会落实到部门以及销售人员个人，通过合理的平衡计分法，制定出销售体系的考核指标。

对高层的销售领导而言，他们除了关注财务指标和客户指标之外，还要关注内部组织的运营效率，以及员工的能力提升。对于中基层的员工而言，他们更关注销售任务的完成情况，以及客户层面的工作是否做得踏实，以此来提高自己的工作绩效，达到销售目标。企业通过总结和提炼销售项目中的关键行动计划，结合销售管道管理，就形成了年度营销计划中的关键内容，再结合其他内容就已完整地完成了营销经营计划的制订和落实。

```
┌─────────────┐
│  Chapter    │
│    6        │
└─────────────┘
```

第六章
营销铁军战斗力的持续提升

6.1 营销能力评估模型

本书第四章和第五章重点介绍了营销战略和营销计划的制订，特别强调了营销战略和销售计划的逻辑关系，以及考核的闭环管理。营销战略和营销计划的科学制订使发展到一定阶段的企业能够在关注短期利益的基础上，看得更加长远，以杜绝用战术的勤奋来弥补战略的懒惰。

然而企业拥有再好的组织、流程、协同机制、营销战略以及计划，都还是需要自己的员工来执行。因此，如何提升企业营销的组织以及个人的营销能力是本章的重点。

营销能力的评估模型包括八个维度，分别是战略评估、市场管理、营销传播策略、以客户为中心的客户管理、商机管理、销售使能和支持、组织体系和管理、系统与技术（如图 6-1 所示）。企业可以根据这八个维度进行评估，对症下药，找出自身营销存在的主要问题并加以改进，提升自身的营销能力、打造一支营销铁军。

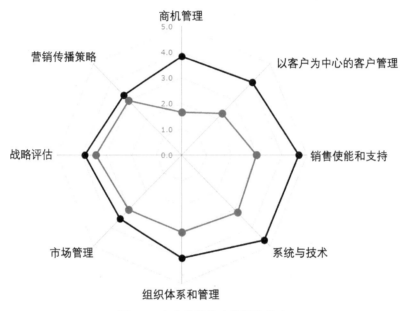

图6-1　企业营销能力的评估维度

　　模型的第一个维度是战略评估。顾名思义，战略评估就是要企业审视自己是否有营销战略和营销计划，并且研究这些战略和计划是否清晰可执行。除此之外，企业还要充分审视考量以下问题：企业是否拥有足够的预算来支撑这些具体计划的执行；在计划执行时，企业是否有比较好的协同机制以保证营销和销售之间有高效的协同；计划执行后，企业是否拥有一套相对成熟的标准来衡量这些执行过程和执行的质量。

第二个维度是市场管理。市场管理的基础是企业对市场有深刻的洞察，通过分析行业，找到企业的市场定位，并对企业的目标市场进行细分。之后，企业在细分市场中要对客户竞争和需求进行全面分析。在此基础上，企业要深入理解客户需求，力求既能影响到产品的规划和版本的制定，又能影响到整个定价体系。最后，企业要根据市场的需求，建立合理的价格评估和调整机制。

第三个维度是营销传播策略，即企业要制定一套和自身营销战略相一致的营销传播策略。其主要包括品牌传播策略、公共关系策略、利用线上线下资源进行的内容营销和移动营销等。

第四个维度为以客户为中心的客户管理。这个维度看起来似乎有点多余，因为营销体系就是直接面对客户的。如果企业营销不以客户为中心，那么必然做不成生意。然而，该维度的关键在于衡量企业是否真正做到了以客户为中心。企业要审视若干问题：自己是否真正关注了客户的满意度？是否按照等级来对客户进行了分类？分类之后，企业对于客户的服务需求响应是否也是按照客户的分类等级满足的？企业是否有一套完整的客户关系管理数据库来管理客户的流失、客户的获取成本以及客户生命周期？企业是否有一套让客户推荐客户的流程，可以使客户为企业背书、站台，将企业的产品推荐给别的客户？

第五个维度是商机管理，评估企业是否有商机管理的有效方法和系统。在做了若干个营销推广活动后，企业要分析是否将上述活动转化为了销售线索。更进一步，企业是否有一套自动化的数字营销工具，能够对这些线索进行统计、分类，然后对这些线索进行不同的孵化管理。通过线索的孵化管理，使冷线索变成暖线索，再变成热线索，直至变成真正的销售订单。

第六个维度是销售使能和支持。企业要从以下几个方面来对自身的营销使能进行评估。

第一，企业要评估自身的营销体系是否能够快速地提升一线的营销能力，以及是否有支持一线销售工作的营销能力中心。营销能力中心是否有一套相对完备的、及时更新的营销知识库。

第二，企业有没有一套例行的营销培训流程。这种营销培训既可以在线上进行，也可以在线下进行。进行在线培训时，企业可以采用移动 App 的方式，以便对一线人员讲解最新的产品和竞争策略。

第三，企业是否存在一套好的销售工具，能够帮助一线人员针对不同的场景，以最快的速度设计出解决方案，进行配置与报价，并计算出项目所需人员。

第四，企业是否有一套比较完备的销售流程，不但能支撑企业内部销售人员之间的互相配合，还能够与客户的采购流程相匹配。

第五，企业要评估自己的销售人员是否从传统的关系营销转变为了理解客户的需求，能够根据客户的需求呈现出产品的亮点以及对客户的商业价值。一线销售团队是否能够制定一套差异化的营销策略，进而对一些高端客户采取不同的销售方式，成为客户的"顾问"。与此同时，企业还要评估自己是否有一套完整的提升销售人员项目运作能力的系统和把控项目风险的方法、制度。

第七个维度是组织体系和管理，即企业要评估自身营销体系的组织和管理是否相对完备。企业一方面要针对上述的营销能力中心，审视是否有完备的实践案例库、解决方案库等知识库。另一方面要深知自身的培训提升体系是否完备，营销部门各岗位的任职资格标准和职业规划是否相对清晰，绩效评估体系是否清晰。企业通常对销售人员有比较清晰的绩效评估方法，然而对于偏向于"营"的市场人员，很多企业不知道如何进行清晰的评价。因此，企业要审视自己是否对"营"的能力有清晰的评估标准。

第八个维度是系统与技术。随着企业规模越来越大，营销也变得越来越重要。此时企业要看自身是否拥有必要的营销 IT 系统，以适合自身企业发展的状况。这通常包括传统的 CRM 系统和销售项目管理系统。企业在做线上与线下营销时，要先评估自己是否有一套自动化营销系统。在做营销时，企业要清楚地定义营销内容，因此要有完备的营销内容管理系统，以便不断更新优化营销内容，以支撑不同的营销活动。在这个过程中，企业要评估这些 IT 系统与技术是否真正匹配了自身所面对的营销工作的具体要求。

企业从这八个维度进行自评后，便可以发现自身的差距，进而加以改正。例如华为经过评估后，发现在商机管理方面存在差距，因此在营销变革的时候，便首先引入商机管理项目。上述营销能力的评估模型，可以帮企业找到自身营销能力最强和最弱的地方，同时结合竞争对手的情况与客户的期望，从中发现自身最需要改进的地方，对症下药，提升自身的营销水平。

6.2 扩大机会来源

上一节讲解了评估企业营销能力的八个维度。然而在企业的实际工作中，营销能力评估的八个维度是互相影响和互相作用的。因此，本节将针对发现一个市场机会、管理这个市场机会，以及最后赢得这个市场机会的过程，从企业应具备的营销能力类型与提升方法方面进行阐述。

当客户遇到一个问题并向企业提出，而且企业也拥有与之相匹配的产品及解决方案时，企业便可以进入商机管理流程了。然而，当企业没有与之匹配的产品和解决方案时，企业需要深刻理解客户的问题与需求，探索对应客户需求的产品类别和解决方案，进而按照客户需求进行开发，最后满足客户的需求，解决客户的问题，形成对未来商机的把握。

要了解更多的客户问题及需求，企业首先需要扩大客户接触面，企业要善于总结发现客户需求和市场机会的有效方法。企业最常用的一种方法便是与客户面对面直接交流，直接倾听客户对问题的描述和他们的一些需求。

与此同时，企业还可以通过参加投标的方式发现客户需求。企业通过参加投标，可以在标书中发现客户的详细需求，还能看到主要竞争对手在标书中预埋的优势。企业进而可以针对竞争对手在标书中展示的优点进行自身产品的优化，制定自己的投标策略。因此，在某些情况下，企业即使知道自己中标的希望不大，也应该参加投标。

企业可以通过市场洞察的方式来获取大量客户需求信息。首先，企业可以对竞品进行分析，观察行业内最厉害的竞争对手的产品是怎样开发的，标书是怎么制定的，解决方案建议书是什么样的。其次，企业可以观察行业的主管部门，探究主管部门的标准、技术要求等。最后，企业可以通过峰会和论坛的方式，主动将客户、合作伙伴等集中起来进行沟通交流。企业的有些产品可能是通过合作伙伴和渠道来销售的，因此，合作伙伴潜在的需求也不可忽视。当然，在实际营销过程中，企业也可以通过技术服务和问题的解决来发现自身产品需要改进的地方，从而发现机会点。

华为的营销工作有一个独特的"三展"活动，即展厅、展会和展车。前两展应该是读者所熟悉的，即企业参加某个国家或者某个行业的一些重要展会，通过展示产品，发现客户的需求和商机。同时，企业还可以把潜在的客户请到公司来参观自己的展厅，以发现未来的商机。除此之外，华为还创造了展车的活动。在早期开拓海外市场的时候，特别是开拓一些发达国家的市场时，华为发现展会的方式效率低下，有大量的客户是华为平时无法接触到的，更别提邀请这些客户到自己公司参观了。因此，华为利用展车的方式，将最先进的产品和技术制作成移动的展厅。让展车一直开到客户的家门口，让客户在上下班和休息期间能够看到华为的产品，从而建立客户关系，进行详细的客户交流。

数字营销是现在很多企业，特别是新型企业喜闻乐见的营销方式。数字营销主要是指线上线下融合营销，其通过多个社交平台与客户进行多方位交流。发现潜在客户后，企业需要通过全方位的营销互动来发现销售线索，对其进行孵化，最后将这些线索转化为销售机会。

事实上，全方位的营销活动包括战略营销、外向营销和内向营销。

战略营销就是企业在市场洞察的基础上，制定清晰的营销战略、营销计划以及清晰的媒体计划和品牌策略。进而针对适合于本企业的细分市场，拿出适合市场的产品。外向营销指企业通过一些比较传统的方式进行对外推广。如企业可以进行广告、新闻媒体、展厅、展会、培训峰会、邮件等方式进行推广。内向营销主要是指线上的营销。企业通过互联网社交媒体，提供一些非常有吸引力的营销内容，把流量引到企业内部的网站或目标登录页上，使客户在企业网站上浏览大量的产品营销内容，以实现销售。

好的营销内容是一切营销活动的基础。因此，在营销内容的制作上，企业一定要注意其质量以及营销传播的一致性和准确性。营销传播的一个关键点就是设计好关键信息。关键信息一定要瞄准行业的痛点和客户的需求，体现本企业产品的差异化优势和满足客户价值主张的关键亮点。

企业还要对营销内容进行信息的分层。针对客户的高层，企业要更多地讲自身的商业价值，对客户战略的吻合性和实现客户经营目标的价值；对于专业技术层面的客户，企业要多讲技术的先进性，以及满足客户需求的一些关键亮点；而对中基层客户，企业要传播产品对客户个人和部门绩效提升的帮助作用。企业在完成了关键信息的设计之后，还要先通过友好客户的选定来测评这样的关键信息是否能够准确传递自身的价值。关于营销传播的一致性和准确性详见图6-1。

1. 关键信息和案例设计原则

- 瞄准客户痛点
- 解决方案（产品）的差异化优势或价值主张
- 案例（量化对客户的价值，客户现身说法）

2. 信息分层原则

关键信息和案例设计的重要准则就是对不同听众传递不同的信息：

- CEO：战略吻合、经营指标提升
- CFO：财务指标改善
- CTO：技术先进、有效
- 总监：部门业绩提升

3. 选择友好用户，进行测试并改进

图6-1 机会管理——营销传播的一致性和准确性

下面我以一款华为手机的关键信息设计案例来说明关键信息的重要性。早期的华为由于手机芯片技术不够成熟，手机普遍存在发热的现象。当时，华为为了与一家有互联网背景的手机企业竞争，做了大量的市场和客户调研。结果表明，客户对竞争对手的手机抱怨最多的两点是：（1）售后支持不佳，（2）经常缺货。针对售后支持服务不好的问题，华为在推广新手机的时候，专门提出了一个关键信息，即"给你有温度的关怀"。这个关键信息在友好客户中进行测试后，有客户建议不要使用这个宣传口号，因为华为手机已经够有温度的了。最后，华为没有使用该关键信息。由此可见，企业一定要瞄准客户的痛点和市场的需求，精心设计关键信息，充分体现企业产品的亮点和对客户的价值，并尽力回避和不让客户联想产品的弱点。

6.3 价值营销和精准营销

6.3.1 价值营销三段论——病 – 药 – 效

当客户通过关键信息对产品产生兴趣的时候，企业就需要进一步提供营销资料来说明产品的详细功效。营销资料包括技术白皮书、产品的目录册、产品手册、研究报告、客户评估报告等，可以通过手机 App、视频、纸质文件甚至是广告的形式传递给客户。营销材料一定要让客户看得懂，要让客户在第一时间就能感受到产品对他的价值。企业不可陷入传统的"王婆卖瓜"式的自夸，而是要进行价值营销，让客户体会到产品的价值。针对此方面，企业可以利用以客户为中心的价值营销三段论来设计自己的营销内容。

以客户为中心的价值营销三段论可以简单概括为"病 - 药 - 效"。"病"就是要充分地了解这个行业里存在的主要问题；"药"就是展示产品亮点，将产品的特殊优势，即对行业问题的解决能力展现出来；"效"便是产品在客户中的应用效果能充分体现出来，并有具体的量化指标。

下面以一个星级酒店的信息系统建设为例，来阐述如何设计一个符合客户价值需要的营销内容。本案例中的酒店需要十余种设备，若利用传统的信息系统建设方法，则需要 3 至 4 名 IT 人员耗费长达 5 到 8 周的时间才能将这些设备搭建好。设备搭建好后，还需要超过 3 个月的调试才能实现真正的业务上线。针对酒店的这些问题，华为提供了酒店 IT 系统一体化解决方案，把酒店的各种设备集成到一个框架中。并且，华为将酒店传统的娱乐设备、通信设备和酒店安保设备全部都集中到一起，可以根据不同的酒店灵活地进行配置。与传统的方案相比，这家星级酒店客户的投资成本降低了 25%。同时，原本需要几个月的部署时间，本次只用一周便完成了所有的任务。

因此，企业一定要针对客户的问题和价值需要，了解客户的"病"，充分说明自己的"药"的好处，并且最后要有实际的结果来验证"药"的"效"。这便是设计一套好的营销材料的基本方法。

6.3.2 采购决策——三大阶段的精准营销

有了高质量的或者是针对客户和行业问题的营销内容，企业在整个营销过程中还要匹配客户的采购决策模式，实现精准营销。通俗地讲，企业要在正确的时候给正确的人传递正确的内容。要达到上述要求，企业需要深刻分析客户的采购决策过程。

一般而言，商业客户的采购决策过程分三个大阶段。

第一个阶段就是客户学习阶段。

客户在此阶段可能存在运营上的一些问题，急需改变或找到解决问题的方案。

中国的很多公司在此阶段特别愿意"王婆卖瓜，自卖自夸"，夸赞自己的产品优点。然而，客户此时对推销产品是不感兴趣的。客户只关心这类新产品或者新技术能否解决他面临的问题，或者只关心新出现的产品和技术可能对行业带来的改变。因此，企业在此时需要给客户灌输新产品和新技术的知识和理念，并让客户能从你这里学到知识，感受到你的先进性。

在此阶段，企业可以通过技术白皮书的方式来展示新技术的原理，告诉客户技术的本质，向客户透露出自己拥有这项新技术。利用展会、展厅、展车、各种软文、社交媒体等，企业可以给客户灌输新技术和新产品信息，使客户通过学习，了解到企业代表着新技术，这便是成功的第一步。在这个过程中，企业最好可以让本行业的意见领袖为自己背书、站台，利用意见领袖来说明你和你的产品就代表了技术前沿和未来，这种效果比自吹自擂要好得多。

任何一个行业，都存在一些意见领袖。如一家名为 Gartner 的公司，在 IT、通信技术等领域有着不小的影响力。Gartner 公司对整个领域的洞察是非常先进的，一般而言，企业只要能够进入到 Gartner 公司的"魔力四象限"，那么产品在本领域就会具有很好的品牌效应。

比如，华为的一位高管曾在澳大利亚面试一个曾在 Cisco 工作的销售工程师，在面试交流中，这位应聘者就提到了华为的产品是不是进入了 Gartner 的"魔力四象限"。在得到否定的答案后，他说："没有进入的话，我怎么卖你们的产品？"面试人员便反问："华为的产品要是进入了，还招聘你做什么？"从这个故事中可以看到 Gartner 公司是一个非常重要的第三方评价机构，在业界享有很高的地位。之后，华为的产品进入了 Gartner "魔力四象限"，这也成了营销体系工作考核的重要指标之一。

第二个阶段是客户选择阶段。

在此阶段，企业要向客户展示自己产品和解决方案的优势，利用上述的"病 - 药 - 效"理论，将自身产品的优势、价值、特点等说清楚。与此同时，还要针对不同层次的客户进行不同的信息传递。针对高层客户，要突出产品和解决方案的商业价值。针对技术层客户，要突出产品技术的领先性优势。

客户会在此阶段将企业和竞争对手的解决方案进行比较。因此，企业一定要有一些竞争的手段和工具库，以证明自己的产品要比对手的好。企业可以从正反两面进行证明。正面说明，即通过一种正向的方式来说明产品的卖点、特点、对客户的价值。反向说明，即通过搜集竞争对手的一些重大纰漏或问题来说明。此处提出的内容一定要基于事实，而不是对竞争对手的恶意抹黑。也就是说，要利用事实来提醒客户，帮助客户降低风险。

第三个阶段是客户决策阶段。

在客户进行最后决策时，企业要做好两件事：其一，证明自己的产品是好的；其二，帮助客户尽快掌握自己的产品。

企业要证明自己产品的优势，首先要进行概念验证，就是将产品送至客户那里进行预测试、准入测试和概念验证，来验证产品确实是过关的。其次，企业在财务上要有一些必要的分析工具，如投入产出分析工具等，来验证客户在未来采用产品后，其是可以实现财务目标的。

在这个阶段，企业还可以利用之前营销能力模型中讲的客户推荐流程，即从已有客户中培养出一些友好的客户，在这些友好的客户中建立样板点。当与潜在客户进行谈判的时候，企业可以让他们去参观样板点，利用友好的客户来说服潜在客户。同时企业还可以设计一些典型的场景，使客户能够快速地匹配他的实际应用场景，以便进一步说服客户。在客户选择了企业的产品后，企业要帮助客户快速掌握产品。此时企业可以利用线上工具包和线下的资料及培训，使客户快速入门。

企业在客户学习、选择和决策的三个阶段，需要制作和开发很多营销材料及营销方法，这需要研发、市场和技术服务人员的共同努力和分工合作。企业要把技术白皮书、各种软文、分析师报告、案例库、竞争工具库、营销锦囊、样板点以及各种工具包准备完善，在客户需要特定营销资料的时候，能高效、高质量地提供给他。

6.4 以差异化的组合营销方案赢得机会和 "6 环 16 招"

上一节介绍了企业如何通过多方位地接触客户，获取客户的各种需求信息，发现客户的各种问题，从而扩大可能的市场机会来源，并根据价值营销的要求，制作出高质量的营销资料。紧接着，通过匹配客户的采购决策模式和流程，实现精确营销。最后，企业要根据客户的发展战略、竞争环境以及品牌打造情况，了解客户的业务偏好，制定差异化的组合营销方案。

6.4.1 差异化的组合营销方案

企业要先分析客户的痛点和挑战，特别是要确定客户选择供应商的主要决定因素，通常包括企业品牌、产品特点、服务能力、价格、客户关系、战略匹配度、资源投入等。而且，企业要清楚，这些因素中哪些是客户最重视的，哪些是客户相对不重视的，即了解客户的偏好。同时，企业还要分析主要竞争对手的营销策略，充分发挥自身的利器，规避软肋，从而形成一个有针对性的、差异化的营销方案，实现最终的销售，相关要点如图 6-2 所示。

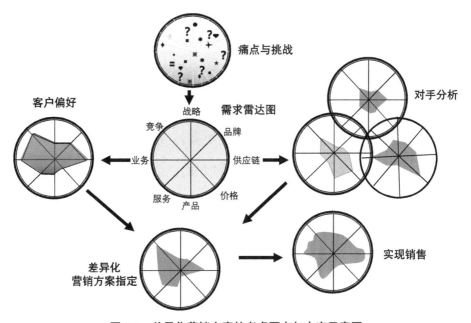

图 6-2 差异化营销方案的考虑要点与内容示意图

在营销方案制定后，企业要对营销方案进行推广。营销推广的方式很多，如企业独立举办一些推销活动，或借助外力完成营销方案的推广。这两种营销推广模式各有优缺点。独立邀请客户、独立主办营销方案的推广活动，相对来讲比较灵活，企业可以按自己的节奏来操作。但独立推广的方式对企业的客户邀请能力、媒体邀请能力等的要求是很高的。而对中小企业来讲，最好是能够借助外力来进行自己营销方案的推广。如通过行业的一些大的展会或协会的一些活动，由行业协会出面邀请客户、媒体和一些意见领袖。然而，这种方式的局限性在于，企业会受限于展会的举办时间、地点和举办频率。

总体来说，借助外力的方式对于中小企业而言是比较合适的。因为中小企业可以借助展会的号召力，邀请更多的客户参加展会，并将自己的产品和解决方案展示给客户。这比单独邀请客户参加自己独家主办的营销活动的覆盖面要大得多，成本也低。

中小企业要学会利用组合营销的方式，借助展会的力量，把自己的产品和解决方案宣传好，这样既能充分利用展会，又能避免展会的局限性。具体做法如下。

首先是筛选展会。企业一定要选择对行业影响最大、行业的主管领导和专家常去参加、参展客户流量大以及主要竞争对手都参加的展会。因为这样的展会的号召力更强，产生销售线索的机会也更多。

其次是配合展会。企业要了解展会的一些论坛和专题演讲的安排，做好自己企业进行主题发言的准备，并申请专门的分会场以进行自己的产品营销。特别地，企业要利用这些大型的展会，发布一些新产品或者新的解决方案。对于这些专场的营销活动，除了要利用展会的客流量把客户吸引过来，客户经理还要定点地邀请潜在客户参加。

企业在这些活动中要仔细记录客户的反馈和需求。对于响应积极的客户，要专门安排高层交流，还要安排专门的小型技术交流会，对新的产品和技术进行详细的解释。若有条件，企业还可以让这些反馈积极的客户去参观公司或者参观展会所在地的公司代表处，最好还能参观公司的一些友好客户的样板点，把客户的意见从一个简单的反馈变成未来的潜在机会。

同时，针对一些重要的主题发言和产品发布会，企业可以进行同步线上直播。企业还要举办一些线上的研讨会，实现线上线下的发布和互动，把线上大量的客户群导流到企业最希望他们看的一些网站和网页上。企业还可以把线下以及线上发现的客户的一些线索，全部导入到公司的 CRM 或 PRM 系统中。赢得市场机会的最重要的一步就是做好商机的转化和销售机会的管理。企业通过这样一次组合营销活动，可以把所有发现的线索进行统一的录入和管理，进入下一步的商机孵化、转化的管理流程。

6.4.2 组合营销的流程

本书前面提到过一个重要的流程，就是从营销到线索的 MTL 流程。MTL 流程就是要通过各种营销活动收集和生成线索，并且对这些线索进行跟踪，通过进一步深入的营销活动来孵化这些线索，使这些线索转换成真正的销售机会。

营销线索要转换为销售机会必须满足 4 个条件，可以归纳为 BANT 原则。"B"就是 Budget，即预算，指项目要有明确的经费和预算支持；"A"是 Authority，意思就是企业要有明确的项目责任人和主管领导；"N"代表 Needs，即需求，企业要评估客户的需求是否明确；"T"就是 Time，即项目的完成计划和时间是否非常明确。当销售线索满足这 4 个条件之后，便可被作为销售机会。

当销售线索变为销售机会后，企业的销售便进入了 LTC 流程，即销售管理流程。此时，企业首先要对销售的整个机会点的管道进行总体管理。对于符合销售机会标准的项目要进行正式立项，并制订详细的项目计划，包括标前引导、客户关系突破、技术突破、商务突破、标书制定、商业谈判和最后的合同签订。合同的签订意味着机会点的管理工作已完成，企业便进入了合同执行管理阶段。合同执行管理包括产品交付，产品的安装、调试和验收等。这个过程中可能还会发生合同的变更，所以企业还要做好合同变更的管理，以及可能存在的风险和争议的管理。最后，企业要保证顺利开票和回款，完成整个销售管理过程。

6.4.3 "6 环 16 招"

我们可以将提升营销能力的方法总结为"6 环 16 招"。所谓的"6 环 16 招"就是在传统的营销 4P 理论（Product、Price、Promotion 和 Place）的基础上增加了两个"P"——Plan 和 Project。以下是详细阐述。

第一个"P"指"Product"，即产品。传统的产品包括两个方面。一方面是产品定位，即企业要清晰地定位产品在市场上的特征，明白自身产品是属于成本领先产品，还是个技术领先产品，抑或是一个契合客户需求的产品；另一方面是产品要逐渐向解决方案转型，凸显对客户的价值。

第二个"P"指"Price"，即定价。此处需将定价的概念进行扩展，变为盈利管理（Profit）。盈利管理包括商业模式的设计、投标管理以及定价系统的设计和管理。

第三个"P"指"Promotion"，即推广。推广工作主要包括三方面，第一个方面是推广能力的提升，它包括外向营销和内引营销；第二个方面是线上线下组合营销活动的执行；第三个方面是通过系列活动实现销售线索的生成。

第四个"P"指"Place"，即渠道。企业要清晰地告诉客户，在哪里、通过什么样的方式能够高效地得到这个产品。其主要包括三个方面的工作：销售渠道的建立、供货渠道的建立、服务与供货的准备。有些企业热衷于搞饥饿营销，但其实饥饿营销是不真实的。饥饿营销源于企业对市场预测信心不足，且供货不足，供应链存在问题。所以说企业要重视供应与销售渠道的建设，不要让客户无法高效拿到产品。

第五个"P"指"Plan"，即前面提到的营销战略、营销计划和营销策略的制定与执行，以及营销活动策划、项目规划等。

第六个"P"指"Project"，即项目管理。其包括线索的捕获、孵化和转化，销售项目的管理和合同管理三方面，从而实现从营销战略、产品定价及上市推广到线索生成和项目交付落地的整个闭环管理。企业做好了这"6环16招"（如图6-3所示），营销能力就会得到极大的提升。

规划

营销战略制定
营销计划和策略执行
目标预测和闭环管理

产品

产品定位
解决方案价值

价格

商业模式设计
投标与定价管理

推广

外向 / 内引营销
O2O 营销活动执行
销售需求产生

地点

销售渠道建立
供货渠道建立
服务与供货准备

项目管理

线索捕获、孵化和转化
销售项目管理
合同管理

图 6-3　华为营销 "6 环 16 招"

HUAWEI

HUAWEI

HUAWEI

HUAWEI

第七章
打造国际化营销铁军

HUAWEI

HUAWEI

HUAWEI

HUAWEI

HUAWEI

7.1 华为以客户为中心的国际化组织体系

美国《购买美国货法案》和津巴布韦《本土化与经济权利法》的颁布，再次为我国企业"走出去"敲响了警钟。经过政府、企业、第三方咨询服务公司的多年引导、警示、培训和实践，我国企业"走出去"的风险受到了充分的重视。然而，多家咨询机构的分析报告指出，国内企业更强调外部因素，而对内部风险的防范能力，特别是对国际化战略的执行力认识严重不足。

目前，我国企业已经到了告别粗放式"走出去"的关口，除了制定更清晰的国际化战略之外，关键是要打造更强的执行力。而执行力则要由国际化组织体系、能力和人才做保证。

以客户为中心的海外一线"铁三角"组织，被证明是极具市场敏感性和责任意识的组织结构。这一组织模式，我们在本书第二章和第三章有过介绍，下面我们会以企业的国际化营销为背景，对这一模式做进一步的补充和系统介绍。

发现海外市场机会是国际化战略制定的出发点，其基础是企业在海外的神经末梢的敏感性，企业在商业上和技术上都要认真分析市场的客观需求。中国企业走向海外，在初期常常出现的问题是技术人员语言不好或人际理解能力差，无法与客户充分进行沟通；而语言好的，往往是具有外贸背景但对公司和产品不了解的客户经理，他们无法与客户进行深入的沟通。2006 年，华为北非地区部根据海外拓展的现状，首先提出了构建一线"铁三角"的工作模式，有效地解决了识别客户需求、发现机会点的组织问题。

7.1.1 "铁三角"建设之前

企业在市场开拓的初期，一般都会给每个区域指派一个销售经理，或通过发展代理来拓展市场，通过与客户建立关系来发现机会，然后签合同、催货要货并履行合同。初期项目比较少，尚能应付。但当项目多了以后，就会出现不担责的现象。不担责一般分为两种情况，一种情况是责任太多，销售经理的关注焦点主要还是在销售任务的完成上。由于精力、责任心和知识面的局限，销售经理对其他事情如需求管理、维保能力等，没有精力甚至不愿去关注。而企业最终对销售经理进行考核时，也不能求全责备，最后企业还是主要考核销售经理短期销售额的完成情况。另一种情况是能力问题，销售经理一般都是由客户经理来担任，随着企业产品越来越多、品种越来越复杂，销售经理对产品和技术的理解越来越困难。因此，市场一线一遇到问题就会根据需要向总部研发、技术服务、供应链等部门求助。但由于求助机制不完善，经常会出现问题，如需求讲了多次还是没有落实，打"空的"更换设备单板等各种情况时有发生，这就导致成本居高不下，客户满意度不高。特别是在非洲贫困地区，由于签证手续麻烦、路途遥远和生活条件差等问题，总部派人到现场支持的难度很大，所以华为的"铁三角"最早是从非洲的苏丹发展起来的。极端情况是，一些企业走向海外时，很多销售经理是直接从外贸学院招聘来的，他们只懂外语，不但缺乏客户经理的基本技能，对企业和企业的产品更是知之甚少，也没有公司内部的人际资源和求助渠道。因此，市场一线出现了很多"三拍"情况，即对客户承诺时"拍胸脯"、面对研发能力是否能满足产品需求时"拍脑袋"、不能按时交付时则把问题甩给下游部门——"拍屁股"。

7.1.2 "铁三角"建设中的磨合

"铁三角"在华为的定义就是由负责客户界面的 AR（Account

Responsibility，客户经理 / 系统部部长），负责产品和解决方案的 SR（Solution Responsibility，产品 / 服务解决方案经理），以及负责交付的 FR（Fulfill Responsibility，交付管理和订单履行经理）共同构成的一线团队，他们涵盖了最核心的三大业务体系。根据行业特点，组建高效的市场攻坚团队，是企业营销体系建设成功的关键。

　　根据不同行业的特点，"铁三角"的运作方式需要进行适当的调整，可以是"铁二角"，也可以是"铁四角"。其核心是，识别企业在市场一线获取机会时最主要的岗位角色，并将这些角色高效地组织起来。通过对多个行业的调研和咨询可以发现，"铁三角"的概念具有普适性。部分行业的"铁三角"模式，如图 7-1 所示。

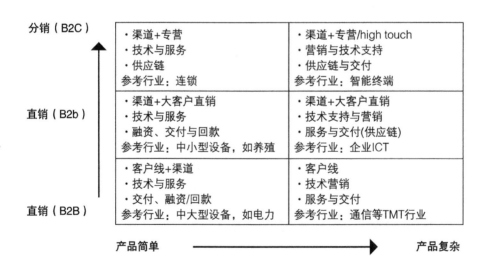

图 7-1　不同行业的市场"铁三角"模式

"铁三角"的构建，还很好地匹配了客户的决策模式。特别是大合同的决策，客户决策团队一般包括客户高层领导，以及采购部门、使用部门、维护部门、工程部门的人员等。"铁三角"可以与客户的组织相对应，匹配客户的决策链，与客户的高层决策层、中层管理层、专业技术层形成广泛、固定的交流沟通界面，构建扎实、纵深的客户关系，理解不同层次的客户痛点和需求；对内可通过技能的融合与互补，使客户关系的建立、对客户需求的理解和承诺保持一致性，提高客户满意度，并降低由于人员流动带来的风险。

华为初步建立了"铁三角"运作机制之后，由于没有很好地定义责权利，运作中出现了很多问题。

遇到强势的客户经理时，客户方面和项目负责人常常希望解决方案经理只做配置报价，不约见客户，而交付经理做好后端交付即可。合同谈判时，在关键条款没有在团队内部进行充分讨论的情况下，可能会出现客户经理为了成功签约随意承诺的现象，如价格承诺、需求承诺、超长服务期承诺、交货期承诺等，这会为合同的执行埋下很多隐患，早期还出现过阴阳合同等情况。

而当遇到弱势的客户经理，除了安排客户交流外，项目经理完全承担不起应担负的责任。笔者在澳大利亚拓展市场期间，曾目睹不同的解决方案经理为向同一客户推销自己负责的产品，当着客户的面诋毁自家其他产品的恶性事件，而客户经理却毫无应对的办法。

华为"铁三角"模式的提出者彭中阳总结了项目运作失败的教训，他认为，根本的原因在于企业自己的组织与客户的组织不匹配，却还在按照传统模式运作，导致客户线不懂交付，交付线不懂客户，产品线只关注报价。各方都只关注自己的"一亩三分地"，以"我"为主，而对于客户的需求，更多的是被动地响应，这样岂有不失败的道理！因此，清晰定义"铁三角"的责权利和协同运作模式至关重要。

7.1.3 "铁三角"运作的形神兼备

经过不断的实践，华为逐渐使"铁三角"的各角色职责和管理职权清晰化。

- 客户经理：是相关客户/项目（群）"铁三角"运作、整体规划、客户平台建设、客户满意度、经营指标的达成、市场竞争的第一责任人。对于以渠道为主进行销售的企业，客户经理主要负责代理商的发展和管理、区域市场的目标规划和经营指标的达成。同时，针对大客户和战略客户，客户经理还需要和代理商一起，深化大客户关系。从客户经理提拔起来的驻外代表，不再是销售一单就拿一单提成的大客户经理，而是当地分支机构的 CEO。其不仅要实现近期目标，还要管好当地的经营、竞争和长期发展，要真正成为一个公司在当地的代表。

- 解决方案经理：是产品品牌和解决方案的第一责任人，负责标前引导、技术交流和方案设计，并为客户经理提供报价交底书；对客户群解决方案的业务目标负责，包括短期产品销售指标以及中长期市场目标。对于以渠道为主进行销售的企业，解决方案经理需要针对不同代理商的特点，进行营销赋能、技术支持和联合品牌活动。同时，深入了解和分析大客户需求，为产品规划提供输入。既对实现当期产品的销售目标负责，还要对未来的中长期需求负责。

- 服务与交付经理：是客户/项目（群）整体交付与服务的第一责任人，对回款的关键环节负责（验收报告），并对服务销售目标负责。对于以渠道为主进行销售的企业，服务与交付经理除了打通企业供应链与合作伙伴供应链的通道，以及对合作伙伴进行赋能和提供支持外，还要对明确需要原厂技术服务的大客户直接提供技术服务。服务经理要对客户满意度负责，因为最后的验收报告关系到回款。而且往前端走，服务也要产生销售。在解决方案转型和销售中，服务与交付经理也起到越来越重要的作用。除了传统的技术支持外，服务与交付经理在网络规划、咨询、专业服务、集成等方面，也发挥了重要的作用。

虽然清晰地定义了各角色的主要职责，但为了防止运作中出现各自为政的现象，还应根据项目运作的不同阶段，对"铁三角"的责任主体和重点需要进行动态调整，"铁三角"在销售过程中的责任主体转换情况如图 7-2 所示。传统的销售比较重视眼前的机会，因此，经常出现大小供应商在客户发标之后才蜂拥而至的现象，有的企业甚至有"见单开发"的思维。此时，客户经理一般是管理机会的第一责任人，负责"铁三角"的运作。进入答标阶段后，主要是进行技术的引导和方案的澄清，此时，解决方案经理是第一责任人，交付经理参与方案的讨论。华为的解决方案经理还负责产品的商务报价，以对客户经理的权利进行适当的平衡。在合同的谈判和签订阶段，责任主体再次转为客户经理，解决方案经理和交付经理协助进行相关技术条款的澄清，解决方案经理还要协助进行价格的谈判。在合同的执行和交付过程中，交付经理则成为责任的主体，解决方案经理进行技术方案的交接、研发问题的解决和协助方案的测试。合同执行完毕、交付经理获取客户的验收报告后，客户经理再次成为责任主体，负责回款和关闭合同。

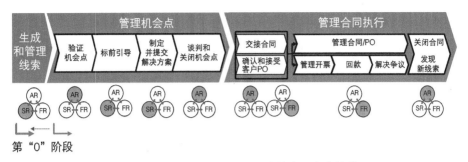

图 7-2 "铁三角"在销售过程中的责任主体转换

在整个过程中，虽然不同阶段的责任主体有所不同，但客户经理一般作为项目经理负责贯穿全流程的管理工作；解决方案经理除了角色规定的职责之外，还要协助维持和深化技术线的客户关系，改变等待客户发标的传统技术销售的角色定位，通过分析客户痛点来理解客户需求、主动发现销售线索，通过提前引导和孵化线索，发现新的商机。在销售过程中，增加了第零阶段，开启了华为营销的 2.0 时代。交付经理除了角色规定的职责外，还要协助维持和深化服务线的客户关系，深入理解客户在服务上遇到的问题，不但要保证客户的成功，还要在服务中发现新的市场机会；要从被动服务变成主动服务，从后台走向前台，合同结束只是新机会的开始。很多成功的销售案例都证明，市场机会往往是在后端服务阶段发现和突破的。

华为在海外高端数据通信设备市场"虎口拔牙"的案例，充分显示了服务经理发现机会的作用。由于华为高端数据通信产品在海外应用的案例较少、品牌知名度不高，再加上客户的总渠道代理和集成商、主设备供应商均是华为的竞争对手，受到客户高层对"乌纱帽"不保的担忧、客户中基层对华为技术的担忧以及竞争对手对华为的联手遏制，虽经多年耕耘，华为在多次竞标中仍然都只是担当陪标的角色。

然而，随着客户业务的急速增长，原来的主设备供应商的供货周期不能满足客户要求，而客户又急着开通设备和业务。于是，华为主动请缨，保证可以在最短的时间内解决这个棘手的问题。得到客户的许可后，华为技术支援部立即调用所有库房设备，组织力量，竭尽全力，当天就完成了设备的派送和安装，并开通了业务，缓解了客户的燃眉之急，从原来的居于客户最后端的技术服务这一角落，实现了"零"的突破。在后期，华为抓住了对手一次又一次的失误和弱点，发挥一线"铁三角"的团队作用，借助前后方协同运作，实现了客户核心骨干网设备的全面替代。

从案例中我们可以看到，在工业品市场的营销过程中，服务与交付发挥着重要的作用，华为所提倡的服务营销一体化的理念对公司品牌的建立和项目的成败起着重要的支撑作用。项目运作并不只是在竞标的前端，也不只是销售业务人员的单一角色所能完成的，而是需要发挥团队的整体作战能力，抓住敌人的弱点并找到客户的痛点，对之发动全面进攻才能取得更大的战果。华为"铁三角"，即负责客户关系的客户线、负责技术引导的产品线以及负责服务交付的交付线协同作战，再一次发挥了巨大的威力。

华为国际营销的"铁三角"模式从非洲市场开始逐渐在全球推广，这种模式不但使各角色能力大大提升，培养了大量"一专多能"的干部，实现了一线高效的协同运作，更重要的是，构建了华为"既保持对市场的高度敏感性，又发挥平台的高效支撑作用"的"一线呼唤炮火"的前后方协同运作体系。

7.1.4 "力出一孔、利出一孔"的考核机制是"铁三角"高效协同的保障

"铁三角"运作的核心理念是既鼓励个人英雄主义又强调团队协作，既保证当前目标的实现又重视未来机会的发现，而这个理念的落地，必须有一套好的激励机制来保障。

华为在度过了生存期之后，很早就在销售体系中取消了被企业广泛使用的"销售提成"佣金制。佣金制对刺激销售人员个人的积极性有一定的作用，但对于复杂产品的销售，特别是需要团队合作的销售，其副作用是很大的，经常会造成信息封锁、内部过度竞争甚至互相挖角的现象，这在二手房中介市场表现得尤为明显。

很多企业推行"铁三角"遇阻的一个关键原因就是对各角色的考核和奖金分配问题。华为通过改进考核方式，提高了"铁三角"的团队协同作战能力。我们经常可以看到，即使在市场和人力资源处于弱势的地区，"铁三角"的组织模式也使华为保持着对竞争对手"三打一"的姿态。因此，其相关做法对很多企业都具有借鉴意义，具体包括以下几个要点。

平衡个人与团队的利益

一线的奖金分配从"销售提成"转变成了基于目标达成率的奖金包分配方式。根据的多数企业的统计规律，员工在努力工作的情况下，通常只有10%的人能完成100%的目标。否则，可能是目标设置不合理。因此，华为一般采用绩效考评结果总体比例控制的方式进行奖金分配。其具体做法如下。

首先，根据目标完成情况，对不同部门/区域的市场进行评比，根据10%、40%、45%、5%的参考比例，进行部门之间的排名，确定奖金包系数。不同区域之间形成"赛马"文化，每个员工都会优先保证集体的排名领先和做大集体的总奖金包，从而变相促进了公司整体销售额的提升。

其次，同一区域的团队之间和团队内的成员之间，也采用类似的方法进行绩效排名和确定奖金系数。通过这种方式可以让员工明白，个人的奖金不但和个人的努力有关，还和团队的整体绩效有关。因此，团队内出现了积极互助的现象。在华为的销售管理例会上，包括年度市场大会，经常是用一半时间讨论销售目标的完成情况，另一半时间用于分享项目经验和帮助其他部门／同事完成目标。团队内部始终保持着协作共赢的精神和努力把团队奖金包做大的激情。同时，为奖励有突出贡献的项目和个人，还可以设置项目专项奖和个人奖，实现集体与个人利益的平衡。狼性的团队协作文化、"铁三角"的组织模式和高度匹配的考核激励结果，保证了华为"铁三角"的团队作战能力。

这种参考比例的方式，在人力资源管理中很好地实现了期望值管理理论，并对末位淘汰后进人员提供了依据，也符合新《劳动法》的规定。10% 的人能够达到目标，而大部分人觉得自己没有完成任务，那么多数人的期望值会逐渐趋于合理。而实际上，经过大家的努力工作，公司整体绩效会不断提升，实际奖金会远多于竞争对手，甚至超过了个人的期望，从而实现正向激励。

平衡短期与长期的利益

企业要实现持续增长，就不能只关注眼前的利益，在投入上要平衡短期和中长期的利益。

对于开拓新产品和战略市场的项目组，由于新产品可能存在的不稳定性或新市场可能存在的不确定性，采用绝对值的财务指标来考核，常常会使"洗盐碱地"的人吃亏，导致没有人愿意去拓展新产品和新市场，从而影响企业的中长期利益。因此，对新产品的销售，企业可以采用销售收入（权重往往大于现有产品的销售）、销售增长率、测试准入等综合了过程指标和财务指标的组合考核方式。而对于新市场的拓展，企业则可以采用销售收入、市场目标完成率、新客户/大客户关系建立等定量和定性的指标进行综合考核。通过合理地设计考核方式，结合"铁三角"组织模式，并根据市场机会点的成熟度，配置不同的资源和角色职权定义，企业可以使短期利益和中长期利益实现平衡，做到"吃着碗里的、盯着锅里的、想着田里的"。

优化项目"铁三角"考核指标，实现客户全生命周期管理

"铁三角"组织从形似到神似，考核指标的设计也在不断优化，如图 7-3 所示。从各自为政式的指标，到关注客户全生命周期的经营，财务指标实现了互锁。除了客户经理要考核经营指标之外，经营指标还要向下分解到解决方案经理和交付经理。解决方案经理要考核解决方案/产品的销售指标，服务经理也要考核服务产品（如代维、专业服务、培训、维保等）的销售指标，如华为的服务产品（代维、网规网优、培训等），每年的销售收入都超过 160 亿美元；

后端向前端融合，前端则要考虑后端的能力，如融资销售的要求使传统的市场部财务经理除了履行"账房先生"的职责外，还需履行通过融资手段促进销售的职责。回款在以前只是客户经理的责任，现在也成为交付经理的重要考核指标。三个角色都要承担各自对口的客户满意度指标，从而形成"力出一孔、利出一孔"的高效协作模式。

铁三角	基本职责	优化职责
客户经理	• 销售指标 • 客户关系	• 客户经营 • 财务指标（含回款） • 客户满意度
产品行销经理	• 产品推广 • 技术答标与报价	• 标前引导（技术层关系） • 产品销售的财务指标 • 需求管理和市场目标
服务与交付经理	• 交付 • 工程安装 • 售后支持	• 服务销售的财务指标 • 客户满意度 • 回款（验收报告）

图 7-3 "铁三角"的考核优化

考核指标包含短期财务指标和中长期市场目标，既有体现"一线呼唤炮火"的需求管理指标，也有体现"以客户为中心"的客户满意度指标，以及减低 TCO（产品生命周期的总成本）的卓越运营指标，实现了企业和客户的双赢。

扩大项目"铁三角"负责人的行政管理权

项目"铁三角"负责人对项目成员的绩效评价,从具有绩效评议权上升到了具有项目奖金分配权。在试点和过渡期,选择时间跨度较大(最好超过一年)的项目,代表处、系统部可以将50%的奖金按传统方式分配,剩下50%的奖金由"铁三角"项目经理根据项目成员在项目中的表现直接分配。2016年,华为生成了13 000多张项目报表,可以根据项目损益决定项目奖金。另外,华为扩大了项目经理对项目成员的任职能力评议和全年综合评议的权力,这决定了员工的薪酬等级和能否升迁。对员工进行任职能力评审时,经常需要员工进行举证。一个员工一般都会参与多个项目,项目的时间点也各不相同,因此,评审专家无法一一确认举证的真实性和客观性。华为的项目管理系统能够清晰地记录员工在不同项目中的角色和表现评价,基于IT系统自动进行举证,实现全年多项目的综合评议。通过不断完善项目管理,借助强大的财务、人力资源IT管理平台,华为正在不断扩大一线的行政管理权,落实前线指挥后方的组织运营转型。

7.1.5 "铁三角"的建设原则

很多企业非常认可"铁三角"的组织模式,但在实际运用中却遇到不少问题。主要体现如下。

产品结构复杂的公司，可以直接借鉴华为的做法，并根据自身行业的特点，明确关键角色和职能要求，其主要问题是人力资源紧张，"铁三角"构建困难。还有一个问题就是"铁三角"的管理和考核方法不明确。

产品结构相对简单的公司，如中小型设备、饲料等行业，"铁三角"常常无法落地市场的基本作战单元，其主要原因是"铁三角"的价值体现不明显，以及在构建成本和考核方面存在问题。

其实，这里的核心问题还是"铁三角"的价值呈现。随着市场的变化，营销的价值将越来越重要。华为"铁三角"的发展和演进，也经历了三个阶段。

发展初期：人员缺乏，能力不足，流程不支持。

- 研发内部成立市场技术部门，承担解决方案经理的角色。

发展中期：一线"铁三角"和市场驱动的开发流程基本成型。

- 资源共享，对口关系相对固定。
- 大客户的客户经理固定，解决方案经理和交付经理共享支持。

发展后期：总部、区域平台成型，核心流程建立。

- 按客户等级构建"铁三角"，大客户资源专属。
- 建立区域重装旅。

如果要借鉴华为的做法，那么首先，企业必须按业务需要组建"铁三角"，清晰各角色的定义、职责和运作方式；其次，特别是对于解决方案经理（偏技术）这一角色，可以采用两步法落地，先试验再推广。

- 落地大客户部：客户需求多，营销难度大。
- 落地片区/代表处：片区/代表处内共享，保证工作饱和度。

通过这种方式，不断发现和培养技术营销专家，为企业营销体系的建设打下基础。

7.2 走出"青纱帐"——海外营销能力的构建

中国市场经济经过几十年的发展，市场和用户都发生了巨大的变化，主要体现在如下几点。

- 客户经营方式逐渐从个体户向集约化发展，针对市场变化和大客户拓展市场，企业应关注如何从单兵作战向团队协作转变，优化营销组织和构建新的竞争能力。

- 客户要求越来越高，从购买简单产品逐渐向购买包含培训、服务咨询在内的解决方案转变，企业一线营销组织应关注如何主动把握客户深层次的需求变化。

- 跑马圈地式的市场扩展模式基本已被淘汰，行业开始洗牌，竞争方式从价格（性价比）竞争向价值竞争方向转变，企业应关注如何平衡集中管控和适当授权的关系，构建"一线呼唤炮火"的前后方高效协同组织，快速决策和响应客户的需求。

企业的关系营销、"王婆卖瓜"式的推销，已经越来越不适应市场的需要。与很多企业的成长过程一样，华为在相当长的一段时间里都没有独立的营销部，营销的相关职能分别由销售体系的行销部、研发体系早期的市场技术处和后期的产品规划部门分担。即使在2003年成立了营销（Marketing）部，该部门也是在混沌中摸索着自己的定位。随着IPD流程特别是前端MM流程的持续推进，其管理精髓逐渐深入组织的各个环节，产品规划和上市流程的责任部门，以及流程间的衔接迫切需要进行明确。特别是2004年后，华为在亚非拉市场的布局基本形成。开始"走出青纱帐"，并全面进入海外发达市场后，营销的作用显得越来越重要，对营销的需求也越来越高。华为在强大的销售平台的基础上，开始独立建立"营"的能力。

很多企业在刚刚建立营销组织时，最紧迫的事是要有一定基础的营销人员到位，并确定阶段工作的重点。在实际工作中，企业要从基本的行为管理、时间管理、计划管理和项目运作等开始，提高营销人员的基本能力。行为管理要求跑动管理，就是说华为要求一线人员在日常要尽量和客户在一起，或正在解决客户的问题。在时间管理上，华为要求对不同的客户分配不同的时间，特别是对关键客户和难点客户，需要投入更多的时间和精力，而不是局限于自己熟悉和投缘的客户。在项目运作和计划管理上，通过基本的PDCA（计划、执行、检查、行动）管理，可以提高项目的运作效率和质量。

具备基本的素质和技能之后，关键是提升营销的专业能力。一般来说，企业需要在客户需求的收集与分析、营销内容的制定和营销活动的策划这些方面进行提升，可以通过各种级别的培训、情景演练与行动学习等方式进行。专业营销的核心就是"在合适的时间，对合适的人，做合适的事情"。

7.2.1 基于内容的精准营销

传统的广告、展会属于"轰炸式"营销，而我们在6.3节介绍的精准营销才是专业能力提升的最终体现。实现精准营销的关键是所有营销活动必须符合客户的采购流程和决策模式。匹配客户采购流程的精准营销方式通常如图 7-4 所示。

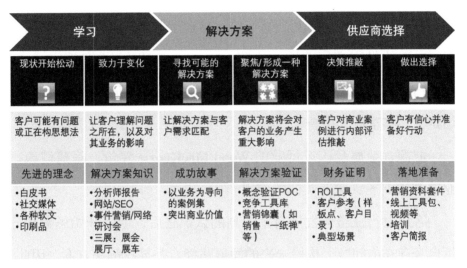

图 7-4　匹配客户采购流程的精准营销方式

最初，客户现有系统可能存在问题，或客户开始考虑系统升级甚至新建系统。此时，客户属于学习阶段，会从各种渠道广泛收集资料，掌握行业发展状况、技术发展趋势和竞争对手动态。在这个阶段，供应商不能急于推销自己的产品和解决方案，而是应该根据行业的特点，向业界和客户灌输本企业的先进理念、对行业发展关键点的认识，以及综合性的差异化优势。企业通常会采用专利、技术白皮书、标准组织提案等方式，树立企业的领先形象和市场地位。

此时，最好以中立的角度进行先进理念的灌输，不要让潜在客户认为你在"王婆卖瓜"。比较流行的方式是借助行业第三方权威机构背书，如市场调研和咨询机构，其帮助企业进行营销的效果，远比企业自吹自擂的营销效果好得多。在 TMT 行业的 Gartner 的魔力四象限、IDC 的供应商行业地位矩阵、Frost & Sullivan 排名等方式中，Gartner 的魔力四象限分析最具代表性，直接影响到企业的品牌、市场定位，甚至员工招聘。

能源、金属及矿产行业的 Wood MacKenzie 评价，医药健康行业的 IMS 评价，都有类似的作用。

客户对行业整体发展有了深刻的认识之后，便会开始思考和分析自身存在的问题，构思未来的发展路径，并寻找解决方案。因此，供应商应该采用行业内最有效的方法，将企业的整体解决方案集中传递给客户，如常见的产品发布会、展览会等。其中，华为比较有特色的是本书前文介绍过的展车的传播方式。

随着互联网技术的发展，网络营销方式被应用得越来越广泛，特别是对海外市场、中小企业和个人。华为企业网 BG 的视频会议系统，品牌名称为"智真"。为了让更多中小客户在使用网络搜索时快速找到华为的智真会议系统，华为通过对搜索引擎的优化，使"智真系统"在主要搜索引擎如 Google、百度上的排名，超过了原来处于首位的《水浒传》中的人物智真长老，成为第一，提高了企业解决方案传播的效率。

此时，客户常常只有痛点而提不出明确的需求，因此，供应商应该和客户一起，分析问题的根因和其对客户业务发展的影响。特别是领先的供应商，往往会在这个阶段帮助客户做业务发展规划，甚至协助客户制定标书，提前预埋自身的优势，为下阶段的投标工作打下基础。

客户明确了自身的问题，并收集了多种解决方案之后，下一步就是对解决方案进行比较和优选。一般是通过招标的形式，对多个供应商进行比较。此时，供应商提供的解决方案必须是针对客户的痛点和需求的，且能够帮助客户发展业务、为客户创造价值。对于招标阶段才介入的厂商，像华为早期拓展海外市场时一样，除了要强调自身产品价格低廉、质量能够满足要求外，还应该充分体现自身的后发优势。例如，研发实力可以保证对标书中产品需求的满足，特别是对未来需求更改的快速响应，以及产品的差异化优点；战略的清晰和长期性，能够保证与客户在系统建设、运营和维护上的长期合作和共同成长。这里还需要通过商业成功的实际案例，进一步给客户树立信心。例如，华为智能网帮助泰国运营商 AIS 的业务从本国第二跃升为本国第一的案例，对华为智能网的市场拓展起到了很大的推动作用。

对于复杂的系统，在评标过程中，客户往往会构建一个简化的系统进行概念验证（POC），以确保方案是可行的。在德国电信（DT）下一代网络 NGF 的竞标过程中，德国电信选择了当时全球最领先的四家供应商——华为、爱立信、诺基亚和西门子，组建了四个项目组。每个项目组组长分别为不同的厂商，组员为其他三个厂商的代表，组员按照组长单位的方案，集成其他厂商的设备进行系统概念验证。这种方式既考验了组长单位的项目管理和集成能力，又考验了组员之间的产品互通性和合作能力，将德国电信未来下一代系统建设的风险降到了最低，而四个厂商形成了既竞争又合作的有趣场面。此时，企业除了要充分显示出自身产品和解决方案的优势外，还要显示出企业对客户的持续支持能力。这是因为在概念验证的过程中，很多需求会发生更改，研发的问题解决能力和快速响应能力尤为重要。

这个阶段可以向客户传播企业的"红材料"，重点是企业在以往给客户带来的商业价值。华为在销售体系中为此专门成立了重大项目部，助推重大项目在激烈的竞争中获胜，通过竞争工具库、案例参考和现场指导等方式，为一线制定竞争策略提供方法指导。在与客户的各个层级进行交流互动的过程中，营销资料（营销锦囊）必须保证信息的一致性，并对客户的高管、中层管理者和技术层传播有针对性的关键信息（KM）。华为广泛使用了被形象称为"一纸禅"的销售指导书，即言简意赅地将产品的差异化优势、给客户带来的价值和竞争关键点，在一张纸上呈现，为一线作战提供简单实用、一招制胜的武器。

完成了技术和方案的验证后，客户一般会进行商务评标。此时，很多企业会陷入价格战的泥潭，杀敌一千，自损八百。很多企业想当然地认为客户只关心产品的交易价格，而一些客户在评标时也常常在满足技术要求的前提下，以出价最低者获胜为评标标准，为价格战推波助澜。但这样做往往是双输的结局，中标者无力保证质量和后期开发升级，项目常常成为"钓鱼工程"。更关键的是，我们所理解的"给客户的价格"和"客户承担的成本"不是一个概念，客户关注的往往是产品生命周期的成本即 TCO。华为在 1998 年进行产品 IPD 变革时，就引入了客户需求 $APPEALS 模型，其中对产品价格有详细且全面的描述。

2005 年，英国电信的采购总监到深圳评估华为时，问华为最大的优势是什么，华为的回答就是产品质量可靠且价格便宜，可以帮助英国电信降低建设成本。但当采购总监追问英国电信如果选择华为，总体成本 TCO 是多少时，上到华为董事长下到各类专家，个个都面面相觑、不知所云。

客户在引入一个新产品时，不但会评估产品的报价，还会评估产品生命周期内的年平均价格，即 CAPEX；以及每年产品运行过程中的运营费用，如人员培训费用、耗电、产品维护等费用，即

OPEX；再加上资金占用成本，这几项共同组成了TCO。因此，深刻理解客户的商业需求，通过投入产出分析等财务分析工具证明企业给客户带来的商业价值尤为重要。对于行业领先企业，更需要掌握TCO工具，通过研发实力、产品质量、服务能力、融资能力等综合优势，构建价值壁垒，摆脱竞争厂商的低水平价格战。对于相对标准的商品，针对中小客户，越来越多的企业在其网站上提供针对典型场景的产品组合、配置和报价工具，可以方便渠道和客户根据自己的情况，快速完成组合配置、方案设计和价格估算，使他们快速决策并做好财务准备。例如，在戴尔、宝马汽车、思科、华为企业网BG等企业的网站上，都有类似的供客户使用的配置报价工具。随着市场经济的逐渐发展成熟，企业都会认识到维持行业价值链健康成长的重要性。因此，越来越多的企业不再只为了自身的利益拼命压价，而使自己的供应商无法生存。

客户做出了最终的选择之后，供应商需要通过清晰的工作流程、完备的产品包和营销资料、线下线上的培训计划等，向客户展现自己职业化的合同履行能力，使客户对任务的完成充满信心。即使在这看似简单的最后临门一脚阶段，仍有丢失项目的可能性。笔者在做咨询工作期间，曾经服务过一家泵业龙头企业。在该企业开拓某个农村市场时，客户已经选择了该企业的产品，但由于客户方的实际操作者是女性，对连接高压电缆心存恐惧，而产品说明书又描述得不够清楚，所以迟迟未投入使用。此时，本地小的竞争企业乘虚而入，派专人送货上门并协助安装，客户最终选择了新的供应商。该企业虽然是行业龙头、品牌好，但如果采取与本地供应商一样的服务模式，就会因成本过高而无法支撑。但其完全可以采用现在流行的营销模式，比如录制 1 分钟左右的安装视频，通过手机就可以轻松指导客户进行安装，这样既满足了客户要求，又节约了服务成本。因此，简明清晰的产品资料包，运用越来越广泛的线上线下营销和服务工具，是企业成功完成销售不可忽视的重要环节。

因此，从整个采购决策过程来看，最关键的一个环节是客户界面，企业需要找到正确的客户和客户的关注点。如前文所说，在客户的高层领导中，CEO 更关注双方战略的吻合度以及经营指标的实现，CFO 更关注财务指标的改善，而 CTO 更关注技术的先进性、有效性和可持续发展；中层部门总监更关注部门业绩的提升和个人升迁通道；而执行层则关注工作问题的解决和自身能力的提升。另一个就是在正确的时候提供正确的内容，即基于客户价值导向的内容营销。因此，内容营销中关键信息的设计和传播非常重要，其中体现出的产品 / 解决方案带来的商业价值尤为重要。

7.2.2 营销数字化是营销的发展方向

随着互联网经济的发展，B2C 业务以及中小企业（B2b）的采购过程和决策模式，与大企业（B2B）线性决策模式有了很大区别。互联网交互式的购买方式，打破了传统的"认知—考虑—喜爱—购买—忠诚"的购买行为模式。线上排名、同行评价、意见领袖评论、朋友推荐、潮流动向等，任何一个点都有可能快速促成购买行为，如图 7-5 所示。

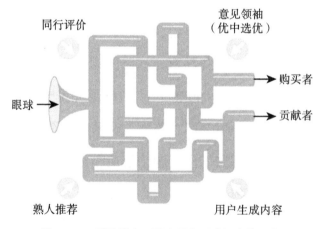

图 7-5 互联网模式下影响用户采购行为的因素

在这种模式下，最有价值的用户，不一定是买得最多的用户。总是对产品进行评价并给出评论意见的客户，被称为产品"贡献者"，他们的特征如下。

- 对有效产品需求的生成和产品的改进有更大的作用；
- 可能会影响周边 100 个人的购买行为。

因此，吸引广大客户的关注，并以最小成本将客户的关注转化为市场线索，并通过线索孵化活动，将线索转化为销售机会，是数字化营销蓬勃发展的关键驱动力。

用户消费习惯的改变，促进了数字化营销的发展。而互联网和 IT 技术的发展，又促使原来碎片式的线下营销活动和线上营销活动高效协同，这大大降低了中小企业的营销成本。营销管理的精髓，就是实现对各种营销活动的全方位管理，并通过有效的营销考核，实现闭环管理。营销全景如表 7-1 所示。

表 7-1　营销全景

战略营销	外推营销	内引营销	营销度量
市场研究 • 基本市场研究 • 关联市场研究 • 聚焦客户群 • 市场调查 • 竞争分析	广告 • 印刷品 • 广播电视 • 在线 • 品牌广告	互联网 • Web2.0 • 搜索优化 SEO • 点击收费 PPC • 微网站 • 移动应用 • 网络直播	传统方法 • 定向电话调查 • 客户询问 • 广告调查 • 数据库 /CRM • PR 信息剪辑 • 市场调研 • 线索产生 / 管理

（续表）

战略营销	外推营销	内引营销	营销度量
规划 • 战略计划 • 媒体计划 • 预测、预算 • 销售分析 • 关联矩阵 • 仪表盘	宣传 • 新闻发布 • 新闻分发 • 文章 • 媒体关系 • 新闻事件	社交媒体营销 • 博客 • LinkedIn • Facebook、YouTube • Twitter、Google+	互联网 • Web 分析 • PPC • SEO 工具 • 注册数 • ESP 仪表盘 • PR 仪表盘 • Google 快讯
战略 • 产品 • 市场细分 • 渠道 • 定位	事件营销 • 三展 • 演示 • 培训 • 峰会 • 电话营销 • 邮件	内容营销 • 手册 • 白皮书 • 产品目录册 • 研究报告 • 评估报告	社交媒体分析或排名 • LinkedIn • YouTube • Facebook • Twitter • Radian6 • Google+
品牌 • 命名 • 标识 • 形象、ID 标准 • 包装	销售使能 • 销售工具 • 线索管理 • 渠道营销 • 促销 & 推销	直接营销 • 定向电子邮件 • 数据库、列表管理 • CRM	
定价			

外推营销（Outbound）是一种相对传统的营销活动，而内引营销（Inbound）也叫集客营销，是新兴的数字化营销活动。二者的营销效果对不同的行业和商业模式而言，表现有所差异。一般来讲，外推营销的平均响应率是 1% ~ 5%，而内引营销的平均响应率

是 20% ~ 50%。内引营销的单线索平均成本不到外推营销的一半。有案例显示，营销方式的数字化，使可以定位的联系对象（客户）的年增长率超过 32%，对营销活动的反馈每年最高提高达 105%，生成的线索每年增加达 53%；直接营销的次数每年下降 8%，营销活动数每年下降 35%。但对于网络销售还未普及的地区，以及中大型的 B2B 业务，传统营销模式仍然很重要。因此，企业需要将内引营销与外推营销有机地结合起来，实现线上与线下的组合营销联动。而这种数字时代的组合营销方式，又被称为"数字营销"。华为在 2012 年通过引进 MTL（从营销到线索）流程和 IT 系统，可以对大量的 O2O 营销活动、潜在客户信息、营销线索等进行高效、自动化的管理。

MTL 的流程框架和主要工作步骤，如图 7-6 所示。

（1）流量汇聚：无论是通过线下营销的方式，还是通过线上 SEO（搜索引擎排名优化）等方式，将吸引到的客户关注统一汇聚并引流到公司网站或目标登录页。

（2）捕获线索：根据客户的要求、问题和关注的营销内容捕获线索。

（3）识别线索质量（建模与计分）：捕获的线索可以分为热线索、温线索和冷线索。不同行业需要总结客户行为，对客户行为进行建模并计分，通过分值判断线索的质量。此时，要同时考虑内容

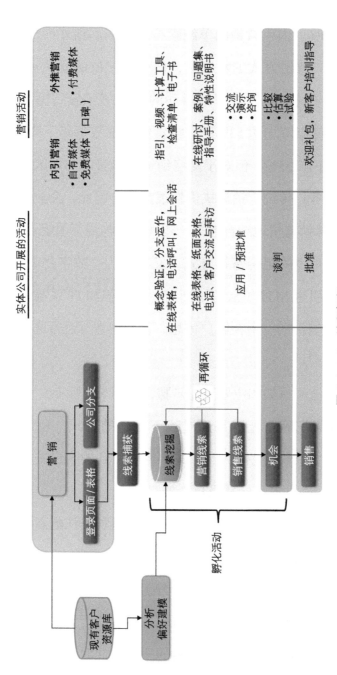

图 7-6 MTL 流程框架

计分和行为计分。以内容为例，客户打开电子邮件查看营销内容和将相关营销内容转给朋友，其计分差别很大。以客户行为为例，客户十天前参观了展销会展台，五天前访问了定价页面，昨天观看了产品演示，今天又下载了RFP样本，那么，说明这个客户非常活跃。而如果客户三个月前注册并参加了在线研讨会，两个月前观看了四个网页并下载了两个白皮书，一个月前又注册了新的在线研讨会，在电子邮件中检查了链接并观看了三个页面，上周下载了一个白皮书，那么，说明这个客户处于半休眠状态，以上动作可能只是为了掌握动态或学习知识。

线索计分就是根据事先设定的模型计分方法，对潜在客户或线索的购买准备度和兴趣度进行排名。线索经历的每个活动都会获得一个得分，当得分超过了预设的门限，线索就被视为营销达标、预备销售和可转销售。

（4）线索孵化：当线索得分未超过预设的门限时，则需要通过必要的活动，在正确的时间提供正确的信息，加速线索的转化。对于转销售的线索要进行生命周期的管理，将客户信息纳入CRM系统，配套进行新客户礼包、交叉销售和客户挽留的销售过程。而长时间未能转化的低质量线索，要在数据库中保留相关信息，超过一定时间后再丢弃。

线索孵化是一个非常考验营销活动策划和执行能力的重要过程，

需要匹配客户的认知过程和采购流程，并实现组合营销的联动。

（5）线索分发：通知销售人员线索的质量和优先级，并通过数据库，协助其了解和接触客户。客户接触和线索的后续跟踪活动，则由销售人员接手。

（6）线索闭环管理：将线索转为新增销售额，或者丢弃无效线索，并衡量整个营销过程的效率。

华为通过实行 MTL 营销流程和组织变革，提升了线上与线下的组合营销能力，构建了整套营销自动化系统。通过在欧洲市场的成功试点和在全球的推行，华为的营销能力有了质的飞跃。

7.3 国际化人才管理和激励机制

国际化战略的制定和执行，关键就是人。如何获取和选拔适应海外市场的领军人才？如何建立海外人才资源池并加速培养？如何激励海外员工长期努力奋斗？海外人才缺乏是中国企业"走出去"普遍遇到的瓶颈。既懂公司战略和产品，又理解海外市场的领军人才，更加难得。因此，企业国际化的人才资源建设，必须做好以下三方面的工作。

7.3.1 破解海外人才困局、获取和选拔"将军"

海外领军人才的获取是企业国际化成功与否最关键的一环，特别是在初期。一些企业（以华为为代表）采用了以内部选拔为主，以"空降"为辅的人才战略。这种方式虽然在人才培养上所需的时间较长，但海外领军人物对公司战略的理解更深刻，在执行上不容易走样。而其他很多中国企业则采用了直接获取即"空降"当地领军人才的方式，快速开拓当地市场。这时，人才选拔标准、跨文化管理和激励机制的建立就显得尤为重要。首先，企业要制定清晰的海外目标，采用相对弹性的管控模式，如三一重工在德国充分发挥了本地领军人才在当地市场的作用；其次，制定合理的激励机制，如常用的股权、期权、华为特有的 TUP[1]、新希望集团的基金合伙人制度等，这可以大大提高海外领军人才的归属感和责任感；最后，确立适应全球化发展的企业文化和融合的人才管理体系，从根本上解决海外领军人才的获取问题，并使他们可以持续发挥作用。

基于国际化领导力模型的对海外核心人才的识别和选拔，是指先选对人，然后再培养，这将起到事半功倍的作用。战略思维、市场洞察、动员执行、持续动力是识别和选拔海外领军人才的关键要素。为避免业务骨干在海外水土不服的问题，对海外骨干进行素质

---

[1] TVP，即 Time Unit Plan 的缩写，是华为的一项中长期员工激励计划。

评估，并为后备人才制订有针对性的培养计划，是中国企业国际化的必修课。

实战能力、战略思维和战略贡献，是华为海外领军人才鉴别和选拔的关键指标。干部获得提拔的充分必要条件，一是要能使所在部门赢利，二是要有战略贡献。如果不能使代表处产生盈利，那么这个干部将被末位淘汰；如果有盈利，但没有做出战略贡献，就不能被提拔。这两者是充分必要条件。"现在我们选拔干部，就要慢慢调整结构，从而使之走向更有利于公司发展的方向"。

7.3.2 "混凝土"式的干部培养机制和"7-2-1"海外人才"倍速"计划

根据相关理论的研究，只有20%左右的人适合做销售。其中不足10%的人是销售"鹰才"，具有很强的推销技能和人际理解能力，可以长期保持高绩效。华为大量选用大学应届毕业生充实销售一线，在"胜则举杯相庆、败则拼死相救"的销售文化牵引下，不讲条件、不讲理由，以目标为导向，在平衡了个人贡献和团队合作的高绩效考核政策激励下，通过"传帮带""压任务"和"火线提拔"等方式，不断优胜劣汰，使华为的销售队伍越来越有"匪气"，并保持着高昂的士气和取胜欲望，为海外市场的拓展建立了丰富的人才资源池。

"人到用时方恨少"，华为在初期按强制比例的要求，抽调国内优秀的市场代表奔赴海外一线，这曾一度影响了国内业务，引起国内客户高层的普遍抱怨，这需要过人的胆识和魄力。除了未雨绸缪地建立人才资源池外，快速使这些人员的能力满足海外市场的需要才是关键。

1. "混凝土"式的干部培养机制

解决了基层销售人员的素质问题和能力问题后，销售部门领导干部的管理和培养就变得至关重要。华为的销售部门有一条不成文的规定，就是本地人不能担任本地销售主管，这主要是为了防止将企业的客户关系变成私人的个人关系，以及因为裙带关系而滋生腐败。我们不能不感叹华为对这一问题的先知先觉。笔者在咨询工作中接触过的很多企业，都存在销售"牛人"无人替代和不敢撤换的窘境。华为曾有一次要求市场部的领导集体大辞职，这需要很大的勇气，很可能直接影响销售。要做到这点，必须有足够的人才资源池，以及很好的干部培养机制。例如，某涂料行业的领先企业，其长期任职在主要"产粮区"的高层销售团队曾集体出走，带走了一大批客户——因为客户认的是人，而不是企业的品牌和产品。

即使是非本地人担任当地销售主管，如果时间过长，也仍然会形成利益圈子。即使不发生腐败问题，当一个人长期处于非常熟悉的工作环境中时，也会由于缺乏新鲜感和挑战性而产生懈怠。因此，华为会定期调换各区域主管和代表处负责人，让他们在不同的区域迎接不同的挑战，这样不但提升了他们的销售技能和管理能力，还杜绝了腐败的滋生。由于轮换大大改善了销售体系的管理水平，培养了干部，干部轮换制度逐步扩展到全公司。研发、供应链、财务等体系的人员定期按比例流向销售体系，销售体系的人员再回流到其他体系。这种一专多能的"混凝土"式干部培养机制，使平台部门的员工充分理解了"以客户为中心"的深刻含义和一线市场的运作模式，使企业所制定的流程更贴近业务需求，对一线的支持也更加到位。相应地，华为构建了一套独具优势的"由大平台支撑的一线精兵作战模式"和中高层领导培养机制。

2. "7-2-1"海外人才"倍速"计划

实践证明，华为的"7-2-1"海外人才"倍速"培养制度，可以大大提高人才培养的速度和效果。

在培训方面，华为非常重视内部案例、经验和教训的总结，并开发出了相应的培训教材加以充分利用。同时，华为有计划地培养内部金牌讲师，要求相关专家、领导都必须投入其中并给予相应的奖励。其中，《谁杀死了合同》《海外营销"九招制胜"》极具实战性和综合性，成为经典课程。华为无论是对基层员工快速适应市场环境的培养，还是对中高层管理者尽快提升海外战绩的激励，效果都非常明显。很多企业每年都有不菲的培训预算，但课程的逻辑性不强，且多数是邀请外部讲师来进行培训，忽略了对内部资源的利用。企业最大的浪费往往就是经验的浪费。充分利用和发掘企业内部培训资源，是高效、低成本的干部培养方式。

"7-2-1"人才培养制度的关键点是加强经验和思想的交流，以及岗位轮换赋能。"一个地区成功了，成立教导队，大规模培养干部"；通过加强重装旅、重大项目部、项目管理资源池等各种战略预备队的建设，推动干部循环流动赋能，从而使整个队伍充满能量，提高干部的全球化视野和领军能力。

华为在初期为了鼓励员工到欠发达的艰苦地区去工作，除补贴外，还明确规定了晋升机会。但由于欠发达地区的产品要求和商业环境往往低于发达地区的水平，因此，没有通过轮岗和"7-2-1"制度培养而提拔上来的干部，常常并不适合做海外地区的领军人物。任正非曾说："常驻阿富汗的干部在那里一待就是好多年，为我们承受了很多痛苦，他们只能做英雄。即便现在想重用他，他也当不了'将军'，因为没有被循环赋以所需的技能。如果人员能够循环流动起来，我们就会给他赋能，他为什么就不能站起来呢？所以，我们推动队伍循环流动，进一步使基层作战队伍的各种优秀人员在循环过程中，能够'流水不腐'，让整个公司各个层面都朝向一个胜利的目标，努力前进和奋斗。"

7.3.3 三管齐下，有效激励

在海外工作，员工需要面对来自文化、环境、工作、家庭的挑战，"以奋斗者为本、开放包容"的全球化文化价值观的建立，配合明确的干部提拔和职业发展政策、合理的短、中、长期激励机制等软硬制度的建立，是我国企业国际化成功的关键保障。

华为通过职业发展（升迁机会）、薪酬设计和组织氛围三管齐下，激励员工扎根海外。

- 通过规划前移，提升"一线呼唤炮火"的组织能力，赋予一线更大的权力。
- 完善前后方协同机制，形成导向冲锋的组织体系和组织氛围。
- 增加职业发展（升迁）的机会，优先提拔具有海外成功经验的干部，特别是具有海外艰苦地区工作经历的干部。
- 坚持"以奋斗者为本"的企业文化，配合倾斜的薪酬和海外补贴制度，通过创新的 TUP 方式解决长效激励问题。
- 建立高效的海外工作和行政平台，解决员工工作和生活上的后顾之忧。
- 从文化和制度上，保证海外队伍的长期战斗力。

华为的国际化战略与执行，经过多年的实践和总结，就像《千手观音》的表演，"那些完全听不到声音的孩子，在没有任何音乐协调的情况下，形成那么整齐划一的动作，那么精美绝伦的演出，其中的艰辛和付出可想而知"。华为在全球化的过程中，不断否定和超越自己。"华为离成功还很远，在海外很多市场刚爬上滩头，随时会被赶回海里；产业和市场风云不断变幻，刚刚积累的一些技术和经验又一次面临自我否定。在这关键时刻，我们不能分心，不能动摇，不能背弃自己的根本，无论现在还是将来，我们除了艰苦奋斗还是艰苦奋斗。"

中国国力的不断增强，为中国企业"走出去"创造了越来越好的条件。经过三十多年的努力，中国在海外的企业已经超过 2 万家，完全可以从各自为战走向结盟同行，"一带一路"倡议为中国企业的国际化吹响了集结号。如果能学习华为的"神"，借鉴华为的"形"，做到"形神兼备"，立足本企业自身的特点，制定清晰的国际化战略，打造强大的国际化执行力，那么企业国际化的成功将指日可待！

结　语

笔者曾多次被问道："以客户为中心的营销铁军，它的管理精髓到底是什么？"

一线"铁三角"运营模式的精髓是为了目标而打破功能壁垒，形成以项目为中心的团队运作模式。华为在转型之前的组织运作是"推"的机制，转型之后要将其逐步转换到"拉"的机制上去，或者说是"推拉"结合，以"拉"为主。各级干部要敢于承担自己岗位的职责，履行授权，使管理摆脱僵化的中央集权。

以客户为中心的管理架构不只适合于营销体系，还适合于整个企业的运作。一线的组织不只是推销自己的产品，还要拉动研发和管理体系的进步。只有以客户为中心、以市场为导向的企业，才会始终目标明确，才能保持持久的组织活力。